SHODENSHA
SHINSHO

資本主義と民主主義の終焉

——平成の政治と経済を読み解く

水野和夫
山口二郎

祥伝社新書

はじめに――次なる時代を読む手がかりとして

山口二郎

私は、面倒なので元号を使って同時代を語ることはしていない。「平成○年」と言われても、いつのことだかぴんと来ない。ただし、この三一年を振り返れば、戦後日本にとって途方もなく大きな変化が起こったことは明らかである。偶然とはいえ、昭和の終わりが冷戦の終わりと重なり、バブル景気の終わりとほぼ重なったことで、平成という時代は戦後を生きてきた日本人にとって、既成の知恵や経験が通用しない未知の時代となった。

平成の初期には、新しい時代を創り出すという希望や熱気があった。当時の自民党は空前のスキャンダルにまみれ、青息吐息《あおいきといき》だった。こんな政党は耐用年数が切れたという認識が一般的であった。平成元（一九八九）年の土井《どい》たか子ブームから始まり、改革を夢見て、新しい政治家が次々と登場。われわれ自身の議論を通して世の中の仕組みを刷新するという民主主義を、いよいよ実現するという期待があった。

しかし、世の中の変化は一直線では進まない。二〇〇九年に始まった民主党政権はわずか三年余りで瓦解《がかい》し、その後に時代錯誤的な憲法改正と虚妄《きよもう》のナショナリズムを追求する安倍晋三《あべしんぞう》政権が登場した。およそ一国を統治するだけの知性を持ち合わせているとは思えないこの政治家が、日本の憲政史上最長の政権を樹立しようとしている。現状は、フランス革命のギロチンによる恐怖政治やナポレオン支配の崩壊のあとに出てきたシャルル一〇世による復古王政に喩《たと》えられる。だとすれば、この復古王政は、民主主義を求める市民の力によって打倒されなければならない。

とはいえ、日本人にそれだけの気力・知力があるかどうか、あまり楽観的になれない。この破局的な現状を放置したら、どんな惨憺《さんたん》たる未来が待っているのか、この現状を抜け出すために何をすればよいのかを考えることは、この時代に生きる学者の務めであろう。

今回、水野和夫先生と、平成という時代について議論する機会を得たことは、大変ありがたいことである。水野先生は、千年単位という長い時間軸で資本主義経済の変化を考察してきた異能の経済学者である。目先の変化を追いかけ、悲観や絶望と嘆《なげ》き節《ぶし》を繰《く》り返してきた私にとって、この時間軸の長さは目がくらむようである。近代民主主義は、市場経済に比べれば短い歴史しか持っていない。それにしても、人類が過去数百年の間、何を求めて努力してきたかを振り返れば、多少の行きつ戻りつはあって当然という気になれる。

平成という時代は、民主主義を求める戦いのなかで、行きつ戻りつの時代だった。人間は未来を見通す能力を持っていない。過去の失敗を見て、学ぶことができれば、それだけでも賢者である。平成が終わり、令和を迎えた今、混迷のなかで自分が何を希望し、どこで失敗し、もがき苦しんだかを総括することには意味があるだろう。

この時代は、経済の世界で二〇世紀の、あるいは第二次世界大戦後のパラダイムが通用しなくなる大きな転換が起こっている。その衝撃が政治の混迷をいっそう深くしている。そのことは日本だけではなく、アメリカでも西ヨーロッパでも共通した現象である。政治学者と経済学者の対談から、この時代に何が終わろうとしているかを明らかにすることで、次に何を目指すべきか、手がかりが見えてくることを願っている。

本書は、以下の構成になっている。まず平成三一年間を六つに分けて各時代の特徴を探る（第一～第六章）。それを踏まえて平成という時代を総括し（第七章）、最後に今後起こるであろうことを予測して展望を語った（第八章）。

水野先生の深い洞察からさまざまな教示を得たことに、心から感謝したい。

目次

第二章 危機感漂《ただよ》う世紀末——相次ぐ企業破綻から金融危機へ 1993〜1999年

第三章 熱狂する国民——小泉政権と同時多発テロ

2000〜2004年

第四章 新自由主義の席巻——リーマン・ショックと格差社会

2005〜2008年

第五章 「神話」の崩壊——政権交代と東日本大震災

２００９～２０１１年

第六章 長期政権と右旋回——そして、安倍一強へ 2012〜2019年

第七章 平成とは、どのような時代だったのか

第八章 これからの一〇年

編集協力　プロースト
取材協力　朝日カルチャーセンター新宿
図表ＤＴＰ　篠　宏行
本文デザイン　盛川和洋

第一章

新時代への期待

――バブルとベルリンの壁、二つの崩壊

1989〜1992年

●**概観**　昭和天皇の死によって戦後という重しが取れ、日本では既成とは違ったかたちの民主主義を求める動きが高まります。折しも、世界は民主化のうねりに覆《おお》われ、東西冷戦の象徴だったベルリンの壁が崩壊しました。

一九八九年一二月二九日、東京証券取引所の最終取引となる大納会《だいのうかい》で、日経平均株価は史上最高値の三万八九一五円を記録します。また、日本企業は企業価値を示す時価総額において、世界の大企業を押しのけ、トップ10に七社が入っていました。バブルの頂点です。

明けて一九九〇年、年初から株価は下がっていきました。山の頂《いただき》から滑落、転落の歴史が始まったのです。しかし、日本人がバブル崩壊に気づくまで、いや認めるまで三年の歳月を要します。平成の初期は、政治の民主化への高ぶる期待感に包まれ、バブル狂騒の余韻《よいん》に浸《ひた》っていた時代だったのです。

コインに裏表があるように、顕在化《けんざいか》した事象には必ず裏の意味があります。脈絡《みゃくらく》がありそうもないベルリンの壁とバブルの崩壊、実は重大な意味を持ってつながっていました。日本が日本でなくなっていく、その始まりの象徴でもあったのです。

1989〜1992年の動き

1989年	
1月	７日、昭和天皇崩御
	８日、平成に改元
	ジョージ・ブッシュ(父)大統領就任(アメリカ)
4月	消費税導入(税率３%)
6月	宇野宗佑内閣が発足
	天安門事件(中国)
7月	参議院選挙で社会党勝利→ねじれ現象
8月	海部俊樹内閣が発足
11月	ベルリンの壁崩壊(ドイツ)
	総評が解散し、日本労働組合総連合会(連合)が発足
12月	日経平均株価が史上最高値を記録(3万8915円)
1990年	
3月	ミハイル・ゴルバチョフ初代大統領就任(ソ連)
4月	大蔵省、不動産融資の総量規制を実施
10月	日経平均株価が２万円割れ(1万9970円)→バブル崩壊
	東西ドイツ統一
1991年	
1月	湾岸戦争勃発(イラク)
11月	宮澤喜一内閣が発足
12月	ソビエト連邦消滅
1992年	
6月	ＰＫＯ協力法成立
8月	東京佐川急便事件→金丸信自民党副総裁が議員辞職
9月	自衛隊ＰＫＯ派遣部隊カンボジアに出発
10月	天皇・皇后、初の中国訪問
12月	自民党・経世会の分裂→1993年に小沢一郎ら離党

民主化のうねり――山口

明仁《あきひと》天皇が即位に際し、「皆さんとともに日本国憲法を守り、これに従って責務を果たすことを誓《ちか》い、国運の一層の進展と世界の平和、人類福祉の増進を切《せつ》に希望してやみません」と述べられています。ご自分の立場が憲法にもとづかれていることを明言された、この「おことば」は、新時代の到来を予感させました。今振り返っても、日本の政治において大きな意味があったと思うのです。

元号が「平成」に変わると、政治の民主化が進みます。昭和天皇が亡くなられて、戦争の記憶は歴史の彼方《かなた》へ次第に遠ざかり、戦争を引きずる時代が終わりました。そのことが、戦後の憲法体制と民主主義体制の正統性を、保守の側《がわ》からも共有する動きにつながります。民主化とは端的《たんてき》に言えば、「国のあり方は国民が決める」政治体制を形成していくことです。

民主化は、国民の間で「政治改革」を迫《せま》る気運の高まりとなって現われました。一九八八年、「リクルート事件」が起こりました。リクルート関連会社の未公開株が政界・官界・財界の要人に譲渡され、大物政治家、高官が逮捕されたのです。学界・マスコミまでも汚染されていました。この株を受け取っていた政治家は、実に九〇人を超えています。竹下登《たけしたのぼる》首相、宮澤喜一《みやざわきいち》蔵相など現役閣僚のほか、安倍晋太郎《あべしんたろう》自由民主党（以下、自民党）幹事長、渡辺美智雄《わたなべみちお》同政務調査会長（以下、政調会長）ら派閥領袖《りょうしゅう》や、中曽根康弘《なかそねやすひろ》前首相など広範囲にわたっていました。

一九八九年七月に行なわれた参議院議員通常選挙（以下、参議院選挙）は、このリクルート事件と四月に導入された「消費税（当時三％）」が争点になりました。国民の政治意識の高まりを反映してか、史上最多の四〇もの政党が候補者を立てています。

そして、憲政史上初の女性党首となった、土井たか子委員長が率《ひき》いる日本社会党（以下、社会党。現・社会民主党）は多数の女性候補者を擁立、「マドンナ旋風」と呼ばれるブームを巻き起こして大躍進するのです。いっぽう、自民党は結成（一九五五年）以来、はじめて過半数割れとなり、与野党逆転を許し、「ねじれ国会」が生まれました。土井は、この選挙を「山が動いた」と表現しています。

民主化は国政レベルだけではなく地方でも起こり、「地方分権」を推進する知事を誕生させます。すでに一九八三年に熊本県知事となっていた細川護熙《ほそかわもりひろ》に続き、高知県・橋本大《はしもとだい》二郎《じろう》（一九九一年）、宮城県・浅野史郎《あさのしろう》（一九九三年）、三重県・北川正恭《きたがわまさやす》（一九九五年）、岩手県・増田寛也《ますだひろや》（同）、鳥取県・片山善博《かたやまよしひろ》（一九九九年）が登場。「改革派知事」と称された彼らによって、地域レベルの民主政治が新しい展開を見せます。平成が始まって一〇年ほどは、日本は民主化の時代だったのです。

昭和天皇の死、そして不変と思われていた派閥による自民党支配の動揺は、世の中全体で民主主義の対極にある権威主義の重しが取れていったことを表わしています。

世界でも、一九八九年を機に、民主化の大きなうねりが起こります。六月に中国で民主化を求めた学生らが武力弾圧された天安門《てんあんもん》事件が起こり、一一月にドイツのベルリンの壁が崩壊しました。

当時、民主主義の時代到来が期待されましたが、三〇年後の今、中国は共産党の一党支配がより強固になり、ドイツでは移民問題を機に排外的なポピュリズムが台頭《たいとう》しています。日本も安倍（晋三首相）一強の状況で、民主主義が遠ざけられているようです。あのうねりはなんだったのかと、民主主義の後退を思わざるをえません。

なぜ、このような状況に変わっていったのか。その原因を求めると、経済も含めたグローバリゼーション（グローバル化）と、民主主義の親和性の問題に行き着きます。これについて、議論を深めていきたいと思います。

消費税は「首相殺し」――山口

消費税は、それまでに二度も流産しています。一九七九年、大平正芳《おおひらまさよし》首相が「一般消費税」の導入をはかろうとしますが、構想の段階で国民の反対を受けて挫折《ざせつ》。次に一九八七年、中曽根政権の末期に、政府は「売上税《うりあげぜい》」として法案を提出します。しかし、審議もせずに廃案になっています。

昭和最後、そして平成最初の首相になった竹下登は、消費税導入に執念を燃やします。もしリクルート事件がなければ、竹下は長期政権を築いていたでしょう。当時、自民党最大派閥である経世会《けいせいかい》の領袖《りょうしゅう》であり、政権を動かすノウハウを熟知していました。竹下には政治家としてのビジョンがあるとは思えませんでしたが、大蔵大臣を経験していますから、財政再建のために自分が消費税を導入しなければならない、との使命感を持っていたのでしょう。

法案は一九八八年のクリスマス・イブに成立しますが、翌年四月一日の施行まで、消費税への反対運動や批判報道が続きました。そして施行から二カ月後、リクルート事件と消費税で内閣支持率が一〇%を割り込み、竹下は首相を辞任するのです。竹下は、周囲に「後世の歴史家がきっと評価してくれる」と語っていたようです。

消費税はその後も政局を左右し、言わば「首相殺し」とも言える難題になっていきます。一九九七年、財政構造改革を掲げ《かか》た橋本龍太郎《はしもとりゅうたろう》首相は、税率を三%から五%に上げましたが、翌年の参議院選挙で敗北して退陣しています。

二〇一二年、民主党（現・国民民主党）政権の下《もと》で民主・自民・公明の与野党三党合意で一〇%まで引き上げる道筋ができました。民主党は同年の衆議院議員総選挙（以下、衆議院選挙）で大惨敗を喫《きっ》します。さらに、自公連立による安倍（晋三）政権は二〇一四年に八%への引き上げを実施しましたが、一〇%への引き上げは二回延期します。結局、消費税率一〇%は新しい時代に持ち越されました。

異常な株高――水野

経済面の大きな出来事として、一九八九年四月一日の消費税導入（税率三％）と、同年一二月二九日の日経平均株価が史上最高値三万八九一五円を記録したことが挙げられます。

財政を考えれば、直接税だけでは限界がありますから、消費税導入はやむをえません。私はその前に、消費税だけではなく累進課税の強化、企業の内部留保金などにかける資産課税の導入をはかるべき、と考えています。このことは、第八章で改めて論考します。

特筆したいのは、株価の史上最高値です。この「株価三万円超え」は、平成という時代を象徴する出来事だからです。一九八九年は日本のバブルの絶頂で、平成は異常な株高からスタートしました。

一九八〇年代後半、日本銀行（以下、日銀）の低金利政策でカネ余りになった日本から、海外に投資が向かいました。金融資産、商業用不動産、企業やゴルフ場の買収など、世界中で「ジャパンマネー」が猛威を振るいました。

それを物語るのが、三菱地所がニューヨークのロックフェラーセンターを、ソニーが映画配給会社コロンビア・ピクチャーズ・エンタテインメントを買った案件です。アメリカのメディアは、「ジャパンマネーがアメリカの魂《たましい》を買った」と衝撃的に報道しました。日本人自身も、日本企業がニューヨークの中心にそびえるビルを買えるなどと、その一〇年前には想像すらできなかったでしょう。

日本企業の勢いもすさまじく、一九八九年、企業の価値を示す時価総額で世界上位二〇社に一四社がランクインしていました。しかも、トップ10に日本企業が七社入っています（「日本経済新聞」二〇一九年三月九日）。NTT（一位）、日本興業銀行（三位）、住友銀行（五位）、富士銀行（六位）、三菱銀行（七位）、第一勧業銀行（八位）、三井銀行（一〇位）と、銀行が六行もランクインしています。しかも、この六行はその後合併して、単独では生き残っていないのです。

しかし、栄華《えいが》は一瞬の夢。翌一九九〇年にバブルが弾《はじ》け、日本は一転して「失われた二〇年」と呼ばれる長期低迷期を迎えます。史上最高値でスタートした株価は、平成最後の大納会（二〇一八年一二月二八日）では二万一四円でしたから、半値近くまで下落したことになります。

また、二〇一八年の企業の世界時価総額ランキングは、トヨタ自動車が三五位に入っているだけです。いかにバブル期が異常だったかがわかります。いや一九七〇年代、一九八〇年代が異常だったのです。その間、上がるいっぽうだった株価がそれを表わしています。このような時代は、二度と来ないでしょう。

平成経済は転落の歴史ととらえられていますが、むしろ過去のゆがみを正す歴史と見るべきです。一九九九年の日本興業銀行、富士銀行、第一勧業銀行の経営統合（現・みずほファイナンシャルグループ）をはじめとして、一九八九年当時一三行あった都市銀行（都銀）が三つのメガバンクに集約されていきますが、この金融機関再編は是正過程で生まれた産物なのです。

バブルは日米政府に仕組まれていた!?――水野

バブルは金融緩和、公共投資拡大などの刺激策によって生まれたカネ余りで作り出されたものです。日本のバブルの始まりは、一九八五年のプラザ合意（後述）からというのが通説ですが、私は一九八二年に誕生した中曽根政権下で行なわれた行政改革、規制緩和、国鉄の民営化などを機に始まっていたと見ています。

当時の日本は対米輸出の急増により、世界最大の貿易黒字国になっていました。一九七九年に刊行された『ジャパン アズ ナンバーワン』（エズラ・F・ヴォーゲル著）では、「日本に学ぶべき」と褒《ほ》めそやされ、すでにバブルの雰囲気を醸《かも》し出していました。

なぜ日本でバブルが起こったのかを考えるうえで、私が「なるほど」と思ったのは『通貨燃ゆ』（谷口智彦著）が唱える「日米合作説」です。著者は「日本は自らバブルを創出することによって対米資金還流を積極化し、折りから軍拡を続けていた米国を金融面で支えた」と、日本のバブルの意味を読み解いています。また、「日本のバブル経済化とは、冷戦にとどめを刺そうとしていた米国の覇権を裏から支える国際政治的意味合いを持っていた」とも指摘しています。

確かに、日米間の状況は、この合作説を裏づけるかのように動いています。レーガン政権時の一九八〇年代、アメリカは東西冷戦下でソ連（現・ロシア）と熾烈《しれつ》な軍拡競争を展開していました。ロナルド・レーガン大統領はソ連を「悪の帝国」と呼んで共産主義との対決路線を鮮明にし、一九八三年に戦略ミサイル防衛構想「スターウォーズ計画」を打ち出します。軍拡と大規模減税は、アメリカの財政を圧迫。財政赤字は、経常収支の赤字とともに、いわゆる「双子の赤字」と呼ばれ、深刻化したのです。

経常収支とは、居住者と非居住者の間で行なわれた財貨・サービス・所得の取引に関する収支尻《しゅうしじり》のことです。具体的には貿易・サービス収支、第一次所得収支（対外金融債権・債務から発生する配当・利子の受け取りと支払いの差）、第二次所得収支（外国との間で対価をともなわない無償資金援助など）、資本移転等収支、金融収支の合計から成ります。このうち、先進国にとってもっとも重要なのは貿易・サービス収支です。貿易・サービス収支黒字の累積が対外純資産を増加させ、第一次所得収支の黒字をもたらすからです。

そして一九八五年九月、アメリカの働きかけで日本、イギリス、西ドイツ（現・ドイツ）、フランス五カ国（G5）の蔵相・中央銀行総裁が、ニューヨークのプラザホテルに集結し、アメリカの過度なドル高の是正に合意します。これがプラザ合意です。狙《ねら》いは、共産主義と対決するアメリカの双子の赤字の改善にありました。

その結果、急激にドル安が進みます。一年で、一ドル＝二三〇円台から一五〇円台にまでなったのです。日本からすれば、急激な円高です。輸出が減少し、円高不況に陥《おちい》ります。中曽根政権は、その対策として公共投資の拡大、輸入の拡大、貿易黒字の縮小を目指す内需主導型経済への転換を進めます。

一九八七年二月、日銀は内需を刺激するために金融緩和政策に踏み切り、公定歩合を国際的にもっとも低い水準、戦後最低の二・五％にまで下げます。しかし、依然として円高に変わりなかったのですが、景気は上向きに転じます。円高で輸入原材料のコストが下がり、また前年に原油価格が半値以下に下落したからです。

低金利と内需拡大で行き場を失った巨額のカネが国内に出回ったことで、企業も個人も株式や不動産の投資に向かいました。当時生まれた言葉が財務テクノロジー、いわゆる「財テク」です。そして、小金を蓄《たくわ》えた個人がマネーゲームに浮かれるようになり、「平成景気（バブル）」が本格化していきました。

この経緯のなかで、日米によるバブル合作が仕掛けられていたのではないかと、私は推測しています。

日本はドイツとともにアメリカの国債を大量に購入し、アメリカの軍拡競争を支えていました。しかし、過度なドル安・円高は、アメリカの国債を保有する生命保険会社（以下、生保）と銀行に兆円単位の為替《かわせ》差損を与えました。これでは、日本の生保、銀行がアメリカの国債を買わなくなるかもしれない。すると、アメリカは金利が上がり、不況になる。アメリカ国民は「軍拡競争をやっている場合ではない。経済を立て直せ」と、レーガン政権を責め立てるでしょう。当然、スターウォーズ計画は頓挫《とんざ》し、レーガン大統領の言う「悪の帝国」ソ連にアメリカが敗北しかねず、それはアメリカにとって悪夢です。

そこで、両国は日本市場を株高に誘導して、為替差損を上回る含《ふく》み益《えき》を生保、銀行に持たせるために、バブルを合作したのではないかと思うのです。

アリとキリギリス――山口

一九八七年夏から一九八九年まで、私はアメリカのコーネル大学で在外研究をしていました。アメリカでは当時、自国の経済や製造業について悲観論が支配的でした。日本が日の出の勢いで、自動車も家電製品も世界でもっとも高い評価を受けていました。日本企業からたくさんのビジネスマンが来ていて、彼らからは経済大国になったという満足感と誇りが窺《うかが》えました。それは、アメリカを凌駕《りょうが》せんばかりの鼻息でしたね。

プラザ合意で円高となって、生保や銀行が為替差損を被《こうむ》っていたわけですが、アメリカにいるわれわれはいい思いをしていました。一ドル＝一二〇円台となって、アメリカにいる間は贅沢《ぜいたく》ができたことを覚えています。まるで、アメリカという国が、国を挙げてバーゲンセールをしている感じでした。

日本人が妙な自信を持ちすぎてしまったことは確かだと思いますし、その裏で、水野先生が指摘されたバブルの合作があったとすると、アメリカは狡猾《こうかつ》でしたたかな国だとつくづく感じます。

一九八〇年代末は冷戦の最終局面で、ソ連を追い詰めていく時期でした。ベルリンの壁が崩壊して社会主義の国が消滅すれば、アメリカは無理に軍拡競争をしなくてもよくなります。また、自動車や電機（電気機器）などの在来型の製造業で張り合わなくても、他の分野で経済的優位を探る余裕も生まれてきます。

実際、一九九〇年代前半からその動きが出てきます。ビル・クリントン大統領時代に情報スーパーハイウェイ、IT構想が打ち出されてくるのですから、アメリカという国はたいしたものです。金融とITという覇権の手段を、この時期に準備していたわけですね。

アリとキリギリスの寓話《ぐうわ》にたとえれば、日本はキリギリスであり、この時期は浮かれっぱなしでした。

アメリカに警戒された日本——水野

二〇一八年一二月、外務省は、レーガン大統領から公定歩合引き下げを要求された、と記される外交文書を公開しました。具体的には、一九八七年六月に先進国首脳会議（サミット）出席のためイタリアを訪問していた中曽根康弘首相が宿舎到着直後の八日、レーガン大統領の二つのメッセージを携《たずさ》えたジェイムズ・ベーカー財務長官と密《ひそ》かに会談したことを指しています。

レーガン大統領の二つのメッセージとは、ひとつはアメリカの金利上昇を抑制するために日本への利下げの要請。もうひとつは、半導体の対日制裁解除の見返りに、中曽根首相が利下げすることを何らかの形で保証することでした。

つまり、半導体摩擦をめぐり、日本の電気製品に課していた関税制裁の一部解除と引き換えに、公定歩合引き下げが求められたわけです。公定歩合はその四カ月前、二月二二日のルーブル合意（過度なドル安を防ぐことを各国が合意。日本は内需拡大政策を取った）直前にすでに二・五％にまで下げています。中曽根首相は「公定歩合は日銀の専管事項」と回答し、追加利下げに応じませんでした。しかし、アメリカの圧力を背景に、二・五％の低金利は長期化します。そのおかげか、アメリカの制裁は段階的に解除されていきました。

低金利政策によってカネ余りが生まれ、余剰資金は株式や土地投機に向かい、空前のバブルが起きます。日本のバブルで支えられたアメリカは軍拡競争に勝ち抜き、平成が始まった一九八九年の一二月二日、米ソのマルタ会談で冷戦は終結しました。

レーガン大統領と中曽根首相は「ロン・ヤス」と呼ばれる信頼関係を築いており、中曽根首相はそれらを承知のうえで、日米合作の片棒を担《かつ》いでいたとしても不思議ではありません。

山口先生がアメリカは狡猾だと言われましたが、まさにそうだと思います。冷戦が終結に向かうなか、アメリカは急速に成長した日本の経済力を警戒するようになります。ベルリンの壁崩壊後の一九九〇年から、株式先物《さきもの》市場は外国人投資家の売り一色になりました。現在は現物《げんぶつ》より安く売ってはいけないというルールがありますが、当時はＯＫでした。一九八七年に先物市場を導入したことで、現物を持たない外国人がバンバン売り崩《くず》しにかかってきたのです。

ベルリンの壁崩壊は冷戦終結を意味していますから、もう日本には含み益はいらないはずだと崩しにきたのです。その結果、株価は暴落しました。わずか二年ほどで、史上最高値の三万八九一五円から一万八〇〇〇円ほどになっています。

つまり、バブル崩壊の根本的な原因として、ベルリンの壁に象徴される東西冷戦の終《しゅう》焉《えん》があったのです。

日本ひとつで、アメリカが四つ買えた——水野

NTTが上場したのが、一九八七年二月。利下げを追い風にして、売り出し価格一一九・七万円だったNTTの株価は、二カ月後の四月には三一八万円もの最高値をつけています。時価総額は二〇兆円超と、ドイツ・フランクフルトの株式市場の総額とほぼ同じでした。これは「おかしい」と思わなければいけないのですが、証券市場に参加する多くの人々は、熱（マニア）に浮かされていたのです。

一九八九年末における日本の株価の時価総額は六一一兆円（東京証券取引所一部・二部計）で、一九九〇年末の土地の時価総額が二四七七兆円。当時のアメリカの土地の時価総額は六〇〇兆円ほどでした。その頃、私は証券会社にいたのですが、社内では「日本を売ればアメリカが四つ買える」と真顔《まがお》で語り合っていました。「異常だ」「おかしい」という雰囲気は、まったくありませんでしたね。

地価の高騰は、国民に「地価を下げろ」「家が買えなくなる」と悲鳴を上げさせました。NHKが「地価は下げられる」といった特集を、五夜連続で組んでいました。そこまで地価は上がり切っていたのです。原野《げんや》商法も横行しました。水も電気も引かれていないどころか道もない、北海道などの原野を騙《だま》して売りつける悪徳商法です。

株価は史上最高値をつけた一九八九年一二月二九日（大納会）の翌年一月四日（大発会《だいはっかい》）から下がっていくのですが、この時もやはり「おかしい」と思う人はいませんでした。

一九九〇年三月末から翌一九九一年一二月まで、金融機関に不動産向けの融資額を一定の割合以下とする「総量規制」の行政指導が、大蔵省（現・財務省）によって行なわれました。行き過ぎた不動産価格を抑《おさ》えることが目的でしたが、逆に、地価や株価の急激な下落を招き、「狂乱」とも言われた景気は一気に後退します。この時、実はバブルが弾けたのです。

ところが、一九九一年一月に湾岸戦争が起こり、多くの企業や国民は、景気と株価は一時的に後退・下落しただけで戦争が終わればまた回復する、と楽観視していました。

当時、不動産会社に勤めていた人の話では、この頃になると、社員間では明らかにバブルに陰《かげ》りが出てきたと認識していたそうです。しかし、上層部は楽観論が支配的で、社員が土地取得やビル建設を抑制したほうがいいと献言《けんげん》しても、社長から「そんな弱気なことでどうするのだ」と発破《はっぱ》をかけられる始末でした。結果、ブレーキが利《き》かずに、わかっていながら突っ走っていったそうです。ちなみに、献言した社員は左遷させられたとか。

「良い民主化」と「悪い民主化」——山口

経済的に浮かれていたことは確かにおバカな話ですが、政治にとってはけっして悪いことばかりではありません。率直に言えば、余裕のある時のナショナリズムにはあまり害がなく、攻撃的になることが少ないのです。

一九八〇年代末から一九九〇年代前半までは「民主化の時代」でしたが、この時代は品がよく、今のようにヘイトスピーチや生活保護バッシングなど、弱者に向けて鬱憤《うっぷん》を晴らすようなエネルギーは皆無でした。バブル経済に陰りが出てきたとはいえ、まだその余韻《よいん》は残り、社会は落ち着いていました。

日本は経済発展をして大きな富《とみ》を蓄えましたが、日本的な会社システムのなかで人々はまだ十分に豊かになれていませんでした。個人主義的な発想にもとづく経済構造や雇用システムの改革など、あるいは都会よりも地方にカネをバラまいてきた自民党政治に対する改革など、意味のある改革論を支える世論が、市民のエネルギーの表われとなっていました。

一九七〇年代は美濃部《みのべ》亮吉《りょうきち》東京都知事、飛鳥田《あすかた》一雄《いちお》横浜市長など社会党・共産党系の人物を戴《いただ》く革新自治体が生まれ、左翼的な勢力が存在感を示していました。しかし、国政レベルでは自民党の圧倒的な一党支配が続き、それを変えるなど、誰も夢にも思っていませんでした。

しかし一九八〇年代末、竹下政権時のリクルート事件に端《たん》を発して、日本にも政権交代の必要があるという議論が出てきます。特に、土井・社会党が躍進した一九八九年の参議院選挙の影響が大きかったと思います。

竹下登に象徴される古い自民党の政治を変えてほしい、という欲求が広がったのです。経済的に余裕のある時代でしたから、政治的変化のエネルギーは健全なものです。いい意味で、バブル景気と政治の変革を求める気分は結びついていました。

今は経済的に閉塞《へいそく》しており、市民の政治参加は言うなれば劣情《れつじょう》にもとづいています。排外主義や弱者攻撃といったかたちで政治参加する危険性があります。三〇年前とはそこが違います。

これは日本だけでなく、世界のあちこちで同様の構図が見られます。ドナルド・トランプ大統領への支持、あるいは民主化したはずのポーランド、ハンガリーで登場した非常に独裁的・権威主義的リーダーの登場を応援する市民というように、それらの国における政治参加は敵を作り、その敵を攻撃するというものです。

かつての大阪の「橋下《はしもと》（徹《とおる》）現象」にもこのような背景があります。大阪は東京の一極集中で、地盤沈下が進んでいます。ＧＤＰ（国内総生産。ＧＤＰには、国内で一定期間内に生産されたモノ・サービスの付加価値の合計額である名目GDPと、名目GDPから物価変動の影響を取り除いた実質GDPの二つがある）に占める、関西の域内総生産は一九七〇年がピークであり、以降は低調を続けています。県民所得、事業所数の全国比較を見ても、三大都市圏で大阪が陥没しています。企業が逃げ出しているのです。

「恒産《こうさん》なくして恒心《こうしん》なし」という言葉がありますが、一定の職業や財産を持たなければ、しっかりとした道義心や良識を持つことはできません。だから、経済的に閉塞感が満ちている時代には、極端で過激な政治家が頭角《とうかく》を現わし、彼らを支える熱狂的で排他的な市民の政治参加が出てくるのです。

このように、民主化には「良い民主化」と「悪い民主化」があります。一九八〇年代末から一九九〇年代前半までは、「良い民主化」の時代と言ってよいでしょう。

自民党ハト派の全盛期――山口

当時の自民党は、今とはまったく別の政党という感じがします。自民党の歴史でもっともリベラル化した時代で、穏健でした。ハト派の竹下登、海部俊樹《かいふとしき》、宮澤喜一が政権を担当していました。一九九二年、明仁天皇が中国を訪問。一九九三年には宮澤政権下で、河《こう》野洋平《ようへい》官房長官が慰安婦問題でお詫《わ》びと反省の「談話」を出しました。現在の安倍政権からすれば、この時期の自民党は「反日」「媚中《びちゅう》」に見えることでしょう。

なぜ、当時の自民党がそこまでリベラル化したかというと、昭和天皇が亡くなって戦争の時代を自由に語れるようになったことが、その背景にあります。また、戦争を直接知っている世代がだんだん減っていくなかで、その世代に、生きている間に歴史認識について決着をつけよう、という問題意識があったからです。

天皇の訪中も、戦争の問題についてのひとつの区切りをつけるという意味があったのです。言論界の保守本流にも、同じような雰囲気がありました。日中戦争は侵略戦争だった、という主張が出てきたのです。左右を超えた共通の土台があったということです。

当時の自民党の主流派閥である竹下・経世会、宮澤・宏池会《こうちかい》、山崎《やまさき》（拓《たく》）派はハト派の穏健派で、戦後民主主義体制について正統性を認める方向に歩み寄っていました。戦後憲法を「押しつけ憲法」とする「自主憲法制定」論が、自民党内でもっとも小さくなった時期でもあります。

このの ち小渕《おぶち》（恵三《けいぞう》）政権までは、日本はアジアとの友好路線で動いていました。一九九八年には金大中《キムデジュン》韓国大統領を呼んで日韓新時代について語り合い、共同宣言を発表しています。金大統領は韓国での日本文化開放を推し進《すす》めました。歴史認識が平成時代を通じて大きな政治問題になるとは、当時は予想もしていませんでした。一転するのは、二〇〇〇年代に入って、小泉純一郎《こいずみじゅんいちろう》首相が登場してからです。

宮澤喜一・不作為《ふさくい》の大罪——水野

総量規制の導入後の一九九二年八月中旬、宮澤喜一首相は不良債権問題に取り組む姿勢を示します。株価の下落に、三重野康《みえのやすし》日銀総裁と歩調を合わせて東京証券取引所（東証）の一時閉鎖、日銀特融（特別融資）による公的資金注入のシナリオを描くのです。しかし結局、大蔵省の反対で断念します。

その後、宮澤首相は、自民党の軽井沢《かるいざわ》セミナーで金融機関への日銀特融など公的援助発言をします。しかし、この公的資金注入構想も官庁、経済団体、マスコミ、そして当の金融機関からの強い反対に遭《あ》い、実行に至りませんでした。宮澤首相のように危機感を持つ政治家は少数派で、景気がよくなれば問題は解決する、という楽観的な見方が大勢でした。その結果、公的資金注入などを使った不良債権処理は先送りされたのです。

金融機関の不良債権額は、大蔵省の発表によれば、一九九二年には一二・七八兆円（主要行）でしたが、一九九五年には四〇兆円（全金融機関）にまで膨《ふく》れ上がります。そして、おおむね不良債権処理のメドがついたのは二〇〇二年。日本銀行によれば（「不良債権問題の基本的な考え方」二〇〇二年一〇月）、一九九二年から二〇〇一年までの間に、全国銀行ベースで約九〇兆円の不良債権処理（貸倒引当《かしだおれひきあて》・償却などの費用）が実施されました。

宮澤首相は東証閉鎖を検討するほど深刻に考えていたのなら、なぜ官僚を押し切って不良債権処理にあたらなかったのか。問題の深刻さは理解していても、実行力がなかったということなのでしょう。宮澤首相の公的援助発言で、マーケットは金融不安の理由が湾岸戦争だけではないと見るようになります。

不良債権処理を断念した宮澤政権は、景気回復のために大型経済政策を次々と打っていきます。しかし、増える不良債権に対して、経済成長で消していく効果はありません。その後の政権も巨額の国債を発行して、ありとあらゆる経済対策を取ってきましたが、財政を傾《かたむ》けるばかりでした。

ただ、財政を犠牲にすることで失業率が二桁《ふたけた》前後まで高まるような不況を回避することはできた、と評価することもできます。一九九二年以降、二%超の失業率が徐々に高まっていきましたが、二〇〇二年の五%台をピークにして二~四%の間で落ち着いています。もし景気対策をしていなければ、どこまでいったか。ということは、消極的には効果があったということです。

しかし、景気効果より地価の下落のほうが圧倒的に大きく、ピークの二四七七兆円(一九九〇年末)から現在は一一一九兆円(二〇一七年末)に時価総額が減っています(内閣府「国民経済計算」)。

宮澤政権下で公的資金注入を断行していれば、山一證券の破綻《はたん》はなかったかもしれません。一九六五年の証券不況時も、山一證券は倒産の危機に見舞われています。この時は大蔵大臣の田中角栄《たなかかくえい》のリーダーシップで日銀特融が行なわれ、山一は救済されました。トップがその気になれば、山一の救済はできたと思いますが、そこがエリート中のエリートだった宮澤首相の弱さです。不良債権対策も含め、不作為の大罪だと思います。

第二章

危機感漂《ただよ》う世紀末

——相次ぐ企業破綻から金融危機へ

1993〜1999年

●**概観**　一言で言えば、動乱の時代です。一九九〇年代後半までは、政治面でも経済面でも、あたりまえのようにあったものが見るも無残に失われた時代です。

政治においては、左翼が衰弱して社会党が事実上消滅。これによってイデオロギーの対立がなくなり、国会から自衛隊違憲論がほぼ聞こえなくなりました。経済では銀行、証券会社が相次いで破綻し、指導者層、要人の間で日本崩壊を覚悟した人が少なからずいました。

また、経済史の汚点と言ってもよい報告書「新時代の『日本的経営』――挑戦すべき方向と具体策」が、当時の日経連（＝日本経済団体連合会。現・経団連＝日本経済団体連合会）から出されます。この報告書は、言うなれば「日本的経営システム崩壊のすすめ」であり、今日の格差問題に続くものです。そして、この頃から「リストラ」「派遣」といった言葉も広く認知されるようになりました。

外からはアメリカの恫喝《どうかつ》による円高に苦しみ、経済構造の転換を迫られました。さらに、外国資本の来襲になす術《すべ》もなく翻弄《ほんろう》され、あれだけ賞賛されていた日本的経営が否定されていくのです。

1993～1999年の動き①

1993年	
1月	ビル・クリントン大統領就任（アメリカ）
6月	皇太子徳仁親王、小和田雅子さんと結婚
	宮澤喜一内閣不信任決議案が可決、衆議院解散
8月	土井たか子、初の女性衆議院議長就任
	細川護熙内閣が発足→政権交代、55年体制の崩壊
11月	ＥＵ発足（ヨーロッパ）
12月	田中角栄元首相が死去
1994年	
4月	社会党、連立政権から離脱
	羽田孜内閣が発足
6月	初の１ドル＝100円割れ（円高）
	村山富市内閣が発足
7月	村山首相、国会所信表明演説で自衛隊合憲を明言
1995年	
1月	阪神・淡路大震災
3月	地下鉄サリン事件
4月	１ドル＝79.75円の史上最高値を記録（円高）
8月	村山談話（アジア諸国に反省とお詫び表明）を閣議決定
	兵庫銀行破綻（銀行神話の崩壊）
1996年	
1月	橋本龍太郎内閣が発足
	社会党が社会民主党に改称
2月	菅直人厚相、薬害エイズ問題で国の責任を認め謝罪
6月	住専処理法が成立
9月	民主党結成
10月	小選挙区比例代表並立制による初の衆議院選挙
11月	日本版金融ビッグバン
1997年	
4月	消費税５％に
	日産生命、業務停止命令（初の生保破綻）
7月	バーツ急落（タイ）→アジア通貨危機
11月	三洋証券倒産、北海道拓殖銀行破綻、山一證券自主廃業→金融危機

五五年体制の終焉――山口

日本の政治は一九九三年、歴史を変える日を迎えます。政権交代が起こったのです。

宮澤喜一首相が日本経済の異常事態を認識した前年八月、日本政治の大動乱が始まります。経世会（竹下派）会長で自民党副総裁の金丸信《かねまるしん》による巨額献金問題（東京佐川急便事件）が発覚し、自民党最大派閥である経世会の内紛へと至るのです。そして経世会の次期会長をめぐって小沢一郎《おざわいちろう》と小渕恵三が争い、敗れた小沢は羽田孜《はたつとむ》を担ぎ、羽田派を結成しました。

「一致結束・箱弁当《はこべんとう》」と呼ばれるほど、鉄の団結力を誇った経世会が分裂したのです。経世会は週一度の昼の会合で同じ弁当を食べながら、結束を固めていました。出身母体の木曜クラブ（田中角栄派）から受け継いだ伝統です。

翌一九九三年、政治改革法案の処理をめぐり、羽田派が宮澤政権不信任案に賛成票を投じます。これが可決されて解散総選挙になると、小沢、羽田らは自民党を離党して新生党を結成。また武村正義《たけむらまさよし》、田中秀征《たなかしゅうせい》らも自民党を離党、新党さきがけを結成しました。政局は一気に流動化します。

1993〜1999年の動き②

1998年	
1月	大蔵省接待汚職事件
2月	長野冬季五輪開幕
6月	金融監督庁発足
	自社さ連立解消
7月	小渕恵三内閣が発足
10月	金大中・韓国大統領来日→日韓共同宣言
	金融再生法施行
	日本長期信用銀行破綻
11月	江沢民・中国国家主席来日（初の中国国家元首来日）
12月	特定非営利活動促進法（ＮＰＯ法）施行
1999年	
1月	統一通貨ユーロ導入（ＥＵ）
	自自連立政権発足
3月	日産自動車、ルノーと資本提携
8月	国旗・国歌法成立
	第一勧業・富士・日本興業銀行の統合発表→みずほ銀行誕生
10月	自自公連立政権発足

そして同年八月九日、小沢に担がれた日本新党の細川護熙を戴く八党派による非自民連立政権・細川内閣が誕生しました。自民党は一九五五年の結成以来、はじめて下野し、自民・社会両党による「五五年体制」はここに終わりを告げました。

しかし、自民党の議席数は一《いち》増の二二三議席で、勢力そのものは弱まったわけではありません。いっぽう、社会党は選挙前の一三六議席から七〇議席と激減しています。五五年体制時代のように、野党が自民党を凌駕するというかたちではなく、自民党の分裂と新党の台頭によって政権交代が起きたのです。

この大きな流れを作り、仕掛けたのは小沢一郎です。小沢の八党派連立という大技に、国民は仰天するとともに、七〇％を超える内閣支持率で応《こた》えました。

細川政権は、宮澤内閣ができなかった政治改革を期待され、選挙制度改革を行なうことを最大の使命にしていました。したがって、短命で終わる宿命でした。小選挙区比例代表並立制の導入、政党助成金制度の創設などの政治改革法案が一九九四年一月に成立すると、とたんに細川政権は求心力を失っていきます。

選挙制度改革さえできれば、そのあとは次の選挙でまた再編するといった方向に、議員たちの目は向いていました。選挙制度改革だけを結集軸にした細川政権は、使命を終えると、もたなくなったのです。同年四月、細川内閣は退陣。

小沢はすでに次の再編を見越した動きを着々と進め、社会党を除いた公明党や民社党、日本新党に手を突っ込んで新党を作る動きをしていました。しかし、あとを継いだ羽田内閣も短命に終わり、非自民連立政権はあっけなく幕を閉じます。

取り残されたかたちの社会党はめぐりあわせで、そのあとのキャスティングボートを握る立場になり、社会党委員長・村山富市《むらやまとみいち》を首班とする政権が誕生します。村山政権は、追い詰められた革新勢力が、自民党の守旧派と手を組んだという構図を持ちます。といっても、イデオロギーが違う自民党と社会党の結びつき、それも社会党の委員長が首相となる政権に、国民誰もが細川政権の時と同じく仰天しました。

これには、一九九〇年代前半の自民党のハト派化現象が前提にあります。戦後五〇年を迎えるにあたって、戦後憲法体制の価値を再確認し、積み残しになっていた諸問題に決着をつけるという問題意識を持った自民党の政治家は、社会党と手を組むことにそれほどの違和感がなかったと思います。

社会党も、宏池会（初代会長の池田勇人《いけだはやと》以来、ハト派色の濃い派閥）的な穏健リベラル、ある意味での自民党的護憲路線と手を組まなければしょうがないという認識もありました。自民党と社会党が結びついたのには、こうした理由があったのです。もはや、自衛隊の存在が違憲かどうかではなく、自衛隊を海外に派遣して武力行使を行なうことが違憲かどうかが、日本国憲法第九条（以下、憲法九条）をめぐる最大の争点となったわけです。

村山首相と自民党の幹事長だった梶山静六《かじやませいろく》は、同時期に国会対策（国対）委員長を経験しており、良好な関係を保っていました。二人とも、まさに五五年体制的な政治の運営を象徴する人物です。私はこれを「国対護持政権」と呼んだものです。

村山政権では戦後五〇年目にあたる一九九五年、第二次世界大戦中にアジア諸国で侵略や植民地支配を行なったことを認め、公式に謝罪した「村山談話」が出されています。

「革新」から「改革」へ――山口

一九九〇年代の大きな変化は「左翼の解体」と「改革」です。

社会党は一九八九年の参議院選挙で改選議席を倍増させましたが、国民は社会党に政権を獲《と》らせるために支持したわけではありません。リクルート事件などスキャンダルにまみれた自民党にお灸《きゅう》をすえるため、社会党に票を投じたと私は見ています。

この社会党の代名詞であった「革新」という言葉が一九九〇年代に入ると使われなくなり、「改革」という言葉に取って代わられます。「革新」は古い制度などを改めて新しくすること、「改革」は既存の悪い部分をよくすることです。

地方では、すでに細川護熙や橋本大二郎など、非革新系で改革派の知事が出現していました。また、中央政界でも自民党分裂後、小沢一郎、武村正義などが改革の旗手になっていきます。そして、だんだんと国民の社会党への期待感は薄《うす》れていくのです。土井たか子委員長の時代に勢力を回復したものの、村山富市委員長の時に自民党と組むと、社会党はいったい何をやりたい政党なのかがわからなくなり、国民の期待は幻滅に転化しました。

その大きなきっかけは一九九一年、海部（俊樹）政権下における湾岸戦争をめぐる国際貢献の議論です。小沢は、「普通の国」論で「自衛隊を海外に出して使えばよい」と主張。いっぽう、社会党は自衛隊を絶対に海外に出さないという立場でした。

一九九二年、宮澤政権下でＰＫＯ協力法（国際連合平和維持活動等に対する協力に関する法律）が成立します。武力を行使しなければ自衛隊の海外派遣はかまわないということが、国民的合意事項になりました。それについて、社会党は明確な対応ができませんでした。以降、いつまでも憲法九条の絶対的平和主義にしがみついているといった、マイナスなイメージがつきまとうようになります。

社会党を支えていた労働組合（以下、労組《ろうそ》）も、一九八七年の国鉄民営化分割によって、主力の国労（国鉄労働組合）はほぼ消滅。それを見た、他の左派的労組もおとなしくなり、連合（日本労働組合総連合会）に合流する労組も増えていきます。また、労使協調路線を取るなど、労組全体から戦闘力が失われました。

政党分布図で言えば、左側の勢力が分裂・解体して急速に衰弱していきました。社会党は一九九六年、社会民主党（社民党）に党名を改めると、多数の議員が政権交代を担《にな》える政党を作るとして民主党に移っていきました。

こうしたなか、政治状況がガラリと変わります。自民党政治の腐敗、政策のひずみを変えていくために、旧来の色分けとは別に新しいリーダーの登場を待ち望む状況になっていくのです。

これにはベルリンの壁崩壊よりも、ソ連が消滅して冷戦が終焉したことが大きく影響しています。冷戦時代、自民党が安定政権を持っていないと日本が共産主義になって困る、という議論がありました。しかし、もはや社会主義体制がなくなったことで、自民党が安心して分裂できるようになったのです。

市場経済という大きな枠《わく》のなかで政策的競争をしていく構図ですから、保守の人たちには、思い思いに政策を主張して自民党から出ていける、という雰囲気がありました。それだけ、新しい政治主体を作る熱があったのです。逆に、そこから「革新」がどんどん脱落していくのです。

鶴の一声で消滅した社会党――山口

社会党は政権与党になったものの、村山首相が政権樹立後の国会における所信表明演説で、自衛隊合憲を明言したことを契機に、消滅に向かいます。

政権を獲得するには、自衛隊違憲論の旗は降ろさざるをえませんが、そこに軟着陸する議論について、私は一九九〇年代はじめから社会党に提言をしていました。いつまでも自衛隊は憲法違反だと言っていては、政権は獲《と》れませんよ、と。さらに、宮澤派の主張のように、専守防衛の自衛隊で集団的自衛権を行使しないとか、憲法九条の解釈を読み替えて平和基本法にも似た新しい安全保障の基本理念を作るのはどうか、と。

これは社会党が二つに割れる争点でした。仙谷由人《せんごくよしと》が率いたグループはそれしかないと前向きでしたが、頑迷《がんめい》な護憲派がいたのです。社会党がなぜ分裂して衰弱したかというと、頑迷な護憲派である左派が力を持っていたからです。具体的には、活動家や地方の労組の人たちです。

私が思うに、ソ連がなくなったあとの社会主義者たちは、イデオロギー的な護憲主義者になることで、自分たちのアイデンティティ危機を乗り越えようとしました。社会主義協会という最左派の派閥はけっこう力を持っており、社会党の支持基盤である地方の活動家が多く属していました。この人たちはソ連がなくなったあと、拠《よ》るべきものがなくなり、新たに支柱となったのが憲法九条なのです。

しかし、総理大臣となったら、党の理念と内閣の方針は違うとは言えませんから、「自衛隊は合憲」と言わざるをえません。村山首相の「鶴の一声」で、社会党の活動家はアイデンティティ危機に陥ります。合憲容認は、社会党を支えた組織がガタガタになる大きな原因になったのです。このことはいつか言わざるをえなかったことですが、やり方が稚拙《ちせつ》でした。もっといい軟着陸の方法はあったと思うのです。

結果、旧来の護憲派は社民党に残り、自衛隊合憲論を含めて現実的に政権を獲《と》りにいこうという人たちが民主党へ出ていきます。こうして、社会党は消滅しました。日本の政党再編のなかで左派の核がなくなったことは、あとあと尾を引きました。

ちなみに、イギリスの労働党やドイツのドイツ社会民主党のような政党を作りたい、というのが私の夢でした。

円高と安全保障の関係――水野

村山政権誕生の三日前である一九九四年六月二七日、一ドル＝九九・五円となり、一〇〇円割れを起こします。冷戦終結間近《まぢか》の一九八九年、日本の経済成長を脅威とするアメリカは、日本に巨額の公共投資を強《し》いてきました。日米の貿易不均衡是正がその名目ですが、真の狙いは日本経済の弱体化でした。

それまでの日米間の貿易摩擦は自動車、牛肉、オレンジなどの品目別に協議が行なわれてきました。しかし、貿易不均衡はいっこうに改善されません。埒《らち》が明かないと見たアメリカから、日本は流通システムなど構造の改造と市場開放を迫られ、日米構造協議において一〇年間で総額六三〇兆円もの公共投資を飲まされます。

以降、日本の経済、金融が劇的に変化を遂《と》げていきます。そのひとつが大店法《だいてんほう》（大規模小売店舗法）の改正です。中小の小売店を守るために、大型スーパーや百貨店の出店には多くの規制がありましたが、改正によってそれが緩和されると、全国各地の「町の商店街」は寂《さび》れました。多くの店が廃業に追い込まれ、商店街はシャッター街となったのです。

一九九三〜一九九四年、アメリカのクリントン政権下、ロイド・ベンツェン財務長官は為替に照準を合わせ、アメリカの要求を飲まなければ円高にする、といった円高誘導発言を続けていました。その結果、一〇〇円に向かって円高が進み、一ドル＝一〇〇円割れとなったのです。バブル崩壊直後が一ドル＝一六〇円だったことを思えば、この急激な円高はやはり異常です。

この頃、日本経済は、景気の落ち込みが深刻でした。日本がボロボロ状態なのに、アメリカが円高カードを切ってくるのは、貿易摩擦をめぐる通商政策によるものです。

一九七一年のニクソン・ショック（ドルと金の交換停止）以降、日本が意図して円高・円安にしたことは一度もありません。一九七八年カーター・ショック（ドル防衛のための公定歩合引き上げ）も、一九八五年のプラザ合意も、すべてアメリカの都合による円高誘導です。

貿易摩擦・為替問題において、日本はいつも劣勢に立たされます。安全保障を、アメリカに依存しているからでしょう。

一九九五年四月一九日、円は一ドル＝七九・七五円という史上最高値（当時）をつけ、ようやくニクソン・ショック以来のドル安・円高傾向に歯止めがかかりました。これには同年に就任したロバート・ルービン財務長官が「強いドル」、つまりドル高容認政策に転換したことがあります。海外からの巨額な資金で金融業を活性化したり、国債の需要を支えたりする必要があったからです。さらに、折からのインフレ懸念《けねん》を払拭《ふっしょく》する狙いもありました。

日米貿易不均衡のからくり――水野

一九七〇年代半ばから、日本の燃費《ねんぴ》のよい省エネ自動車がアメリカで圧倒的に支持されたことで、日本の対米輸出攻勢が激しくなり、日米間でアメリカの対日貿易赤字、いわゆる貿易摩擦が持ち上がってきました。今でも自動車では対日赤字が生じており、アメリカは、日本の自動車市場が閉鎖的だとか、規制が厳しいなどと日本に改善を要求していますが、アメリカの赤字は減りません。

貿易赤字は「製造業の競争力」が原因という考え方と、もうひとつ、それぞれの国の「貯蓄投資バランス」によるものという考え方もあります。私は、後者が貿易収支を決定づける、と考えています。

貯蓄は所得から消費を引いた残りで、「投資」は国内における不動産や工場設備などの実物資産投資です。株や債券といった金融資産を増やすことは、ここで言う「投資」には含まれません。そして、家計（個人）・企業・政府の貯蓄と国内投資の差が、貯蓄投資バランスです。貯蓄が投資を上回れば、貿易収支を含む経常収支は黒字になり、逆に投資が貯蓄を上回れば、経常収支は赤字になります。

日本は一九八一年以降一貫して、家計、企業、政府を合わせた貯蓄・投資バランスは貯蓄超過であるため、経常黒字を続けています。現在も、家計の過剰貯蓄に加え、企業も全体としては過剰生産力の状態にあり、新規の設備投資は利益の範囲内で十分なので、内部留保を積み上げています。日本が経常黒字を保っていられるのは、貯蓄超過が継続しているからです。日本は国内生産力が高いため、アメリカに自動車などの工業製品の輸出攻勢をかけ続けることができます。つまり、日本の貿易・経常収支黒字の背景には、過剰貯蓄があるのです。

これに対し、アメリカは過剰消費（＝貯蓄不足）の国です。膨大《ぼうだい》な消費を、輸入によって需要を補《おぎな》っています。つまり、実力（生産力）以上に消費している結果が、経常赤字、貿易赤字に表われているのです。仮に、日本の「貯蓄超過」を減らしたとしても、アメリカの「過剰消費」を改めないかぎり、アメリカの貿易赤字は全体として減りません。

ですから、貿易の不均衡を日本のせいにするのではなく、アメリカが過剰消費をやめればいいだけの話です。しかしアメリカ政府は、自国民に節約してくれとは言えません。ですから、円高にしても効《き》き目がないとわかっていても、四年ごとに来る大統領選挙のためには、円高で日本を攻撃している、と言わざるをえないのです。

アメリカの「オフセット戦略」――山口

一九八九年から始まった日米構造協議において、アメリカから二四〇項目が出されました。対して、日本からはわずか八〇項目。この数字を見ると、構造協議がアメリカのために開かれたことがわかります。

アメリカは日本経済を抑え込む最大の方策として、円高にして円の価値を著《いちじる》しく高めるため、円高カードを切り続けてきました。円高になれば、輸出国・日本の手取りは減りますから、対米輸出は当然減ると考えてのことです。逆に、ドル安になれば、輸出の手取りが増えて、アメリカと日本の収支は均衡に向かうはずです。

ところが、現実はそうはなりませんでした。二度（一九七三年と一九七九年）のオイル・ショックを乗り越えたように、日本人は円高ショックを克服《こくふく》し、逆に円高景気を作り出していきます。アメリカは、危機のたびに体質を強めていく日本を過小評価していたのです。

アメリカは赤字減らしを阻害する要因として、日本の文化・制度・慣行にまで踏み込み、そもそも問題は日本的経営、働きすぎを美徳とする労働観など、日本人の価値観にあると結論づけます。そこで、日米構造協議のテーブルに日本をつかせ、日本人大改造計画を突きつけたというわけです。その後、日米構造協議は「日米包括経済協議」に引き継がれました。

当時、小沢自民党幹事長は「日本はアメリカの寛容のなかで豊かさを築いてきた。日米関係が切断されれば、その日のうちに日本経済は崩壊する」と、日本がアメリカの存立をその生存基盤としていることを語っています。アメリカに安全保障をゆだねる日本は、それが続くかぎりアメリカとつきあい、対米関係を基軸に、みずからの生存をはかっていかなければなりません。アメリカの寛容の下で日本が繁栄してきたのですから、他に選択肢はないという自覚です。

日米貿易摩擦問題が噴出したのは、日米の貿易収支が逆転し、アメリカの貿易赤字が恒常化する一九六五年以降です。それ以前のアメリカは、貿易黒字国の西ドイツに攻撃を集中していました。そして、ドイツに「オフセット（相殺）合意」なるものを結ばせます。簡単に言えば、「埋め合わせ輸出」「見返り輸出」です。つまり、ドイツをソ連から防衛していることとの代償として、黒字分をアメリカからの武器購入で埋め合わせるわけです。これは、アメリカの「オフセット戦略」と呼ばれるものです。

日米構造協議にも、同じ意味合いがあります。現在、日本はトランプ大統領の「ディール（取引）」に唯々諾々《いいだくだく》と従い、武器を購入させられていますが、その背景に、安全保障に対する「オフセット」があると思います。「日本を守らなくていいのか」と、言わば恫《どう》喝《かつ》されているわけです。為替問題も、根っこは同じでしょう。

『マネー敗戦』（吉川元忠著）には、日本がどんどん貿易黒字を溜《た》めても、またドルを還流してアメリカ国債を買って投資しても、その富《とみ》が日本人の豊かさにつながらない、と書かれています。そして、日本が買い込んだ巨額のアメリカの国債が、アメリカ政府のドル安誘導によって、一九九五年四月の円高ピーク時には約七割も価値を失ったことが挙げられています。また、「極論すれば、アメリカが債務を負う相手国の国力を殺《そ》ごうと思えば、為替相場をドル安に誘導するだけでこと足りる」とも指摘しています。鋭《するど》い指摘です。

水野先生にうかがいたいのですが、個々の企業の投資行動をコントロールするのは難しくても、日本は国として、為替問題を上手に切り抜け、貿易黒字を有効に使う知恵はなかったのでしょうか。

円高対策はドイツに学べ――水野

為替は、基軸通貨国のアメリカが動かしています。世界一の純債務国・アメリカにすれば、借金を減らすにはドル安が好都合です。これを世界一の純債権国・日本から見ると、ドル安・円高は日本の対外純資産（NIIP＝Net International Investment Position）を目減りさせることになります。

ご質問への答えですが、一九九九年に統一通貨・ユーロになるまでのドイツが参考になると思います。ドイツも日本と同じく、アメリカと自動車輸出をめぐって対立していました。アメリカは圧力をかけ、マルク高を強《し》います。結局、ドイツはアメリカの要求を飲まされるのですが、メルセデス・ベンツ（以下、ベンツ）、BMW、フォルクスワーゲンの販売価格を上げて対抗しました。

通貨価値の引き上げは、輸出品の価格を上昇させ、輸出先での価格競争力が低下します。日本もその例外ではありません。ところが、ドイツ車はマルク高になった分を販売価格に転嫁《てんか》しても、ブランド力で為替の影響を受けることが少ないのです。たとえば、ベンツは過剰生産ではないため、客は待たされてもベンツを欲しがります。ベンツでなければ、BMWでなければ、という指名買いの客が多い。ドイツ車メーカーが築いてきたブランド戦略が奏功《そうこう》しているわけです。

日本車の場合、「半年待ってくれ」と言おうものなら、残念ながら、他社の車に乗り替えられてしまうことが多い。トヨタ自動車もようやく、レクサスが定着してきましたが、ベンツ並みになるには、まだ時間がかかるでしょう。

ドイツはブランド戦略に加え、輸出がアメリカ依存でないことも、為替リスクの回避策になっています。自動車部品、化学、製薬などさまざまな分野の産業が、世界各国に輸出を展開し、ドイツ経済を支えています。

いっぽう、日本はアメリカに偏《かたよ》っているため、為替の影響をまともに受けてしまいます。しかも、自動車、一般機械、電気機器の三本立てだった輸出は、二〇〇八年のリーマン・ショック後は自動車以外、パッとしません。

このように、日米間の通商において、日本は構造的にアメリカの圧力に屈《くっ》しやすくなっているわけです。アメリカが為替を動かすことを受け入れるならば、日本はドイツ方式を学ぶべきだと強く思います。

二〇〇〇年代以降の製造業の弱点——水野

ドイツの経常黒字は二九六九億ドルと世界一で、二位日本の約一・五倍もあります（二〇一七年「IMF（国際通貨基金）統計」より）。いっぽう、アメリカは調査対象国一九〇カ国中の最下位で、ワースト二位のイギリスの四・二倍の赤字を計上しています（同）。しかし、ドルは基軸通貨なので、アメリカは世界最大の経常赤字を抱えていても、資本流出や金利上昇が起きることはありません。

ドイツは当時から「交易条件」を一定に保つ方策を取り続け、貿易収支の安定化をはかっています。交易条件とは、輸出品一単位でどれだけの輸入品が得られるかという比率のことです。具体例で説明しますと、自動車一台を生産し輸出した場合、何バレルの原油が購入できるか、その比率です。

この比率は輸出価格、輸入価格に左右されますので、狭義の交易条件は輸出物価指数を輸入物価指数で割って求めます。国全体として見る場合は（広義の交易条件）、産出価格指数を投入価格指数で割って求めます。安く仕入れて高く売れば交易条件はよく、指数は高い数値を示します。投入価格（仕入れ値）が上がったり、産出価格（販売価格）が下がったりすると、交易条件は指数が低くなって悪化します。つまり、交易条件は一製品あたりの粗利益《あらりえき》に相当するのです。

交易条件の輸入物価は、ほぼ原油の輸入価格と連動します。ですから、原油価格が上がれば、交易条件が悪くなります。たとえば、自動車一台の輸出で一単位の原油が対応しているとして、翌年に原油の輸入価格が二倍に上昇し、自動車の輸出価格が変わらなければ、交易条件指数は半減します。自動車一台で原油は〇・五単位しか輸入できなくなるので、交易条件が悪化したことになります。

ドイツも原油が上がれば輸入物価は上がりますが、それに対応して輸出物価も上げます。つまり、仕入れ値の上昇を売値《うりね》に転嫁しているのです。その逆もあり、原油価格が下がれば原材料が安くなりますから、輸出物価も下げて交易条件を一定に保ちます。日本はドイツと違い、円高や原油価格上昇に対して薄利多売で臨《のぞ》んでいます。製品一個あたりの粗利益が減少しても、販売量を増やすことで利益の総額を上げるというものです。

二〇〇〇年代以降、原油価格が高騰しているため、日本の交易条件は悪化の一途《いっと》をたどっています。原油価格高騰の背景には、人口が多い新興国の近代化があるので、それだけ交易条件の悪化は長期化することになります。モノづくり、つまり製造業が割に合わなくなっているのです。

しかし、これは中国も韓国も、各国の事情は同じです。為替や原油価格に左右されて交易条件がなかなか改善されません。交易条件は一製品あたりの粗利益に相当するため、これが悪ければ薄利多売、つまりボリュームで稼ぐしかない。ボリュームで稼ぐとなると、労働者の労働時間が長くなります。この交易条件を改善しないかぎり、長時間労働は改善されないのです。

日本の低生産性は、労働者の問題ではない――水野

日本は労働生産性が低い、と言われています。確かに、OECD加盟国三六カ国で比較すると、一人あたりの労働生産性（実質GDPを就業者数で控除）は二一位、時間あたりでは二〇位、製造業は一五位と低迷しています（二〇一七年「ILO〔国際労働機関〕統計」より）。

年間の労働時間（パートタイム含む）は、ドイツの一三五六時間に比べて、日本は一七

一〇時間。年間で三五四時間も差があります。約四〇年間働くと、日本人はドイツ人より一万四一六〇時間もよけいに働いていることになります。それにもかかわらず、一人あたり実質GDP（購買力平価で換算）は、ドイツが五万八〇三ドルに対して、日本は四万二九四二ドルで、ドイツを一五％も下回っています。しかし、それは日本人とドイツ人の能力差に原因があるわけではありません。交易条件にその理由があるのです。

一九九二年、宮澤政権下で「生活大国」というビジョンが打ち出されました。経済大国になった日本は、国民が豊かさを実感できる国家を目指すというものです。掲げられた具体策に「労働時間一八〇〇時間達成」がありました。当時、日本人の年間労働時間は一九六五時間で、海外から働きすぎと批判されていました。

この目標を達成できたのは二〇〇〇年代に入ってからで、現在も長時間労働のビジネスモデルから脱却できていません。

日本政府は現在、年二％の実質GDP成長率を掲げています。実質GDPを持続的に成長させていくためには、供給力もそれに見合って増やしていかなければなりません。経済全体の供給力を「潜在GDP」と言います。内閣府の試算によれば、ここ二年間（二〇一七〜二〇一八年）の潜在GDP成長率は年一・〇％ですので、さらに引き上げることが必要です。

「潜在成長率」とは、中期的にどれだけの経済成長が達成できるかを表わす指標で、生産活動に必要な設備など「資本」、労働力人口と労働時間から求められる「労働力」、技術革新による「全要素生産性」の伸び率の合算値から推計されます。しかし、この目標は労働人口が伸びず、過剰資本の状態にある日本では、全要素生産性が改善されないかぎり、達成できるはずがありません。

そうなると、イノベーションが鍵を握ることになり、ビッグデータやAI（人工知能）に頼ることになります。しかし、これは富《とみ》の集中を促《うなが》すことになり、労働分配率を下げることになります。それを正当化するために、ホワイトカラーエグゼンプション（ホワイトカラー労働者を対象に、労働時間規制の適用をはずし、働いた時間に関係なく、成果に対して賃金を支払う制度）のような労働者の時間を奪う労働条件が出てくるのです。交易条件の考え方を変えないうちは、まだまだ生活大国にはなれないと、私は強く思います。

平成日本を変えた、悪の報告書——山口

一九九五年、阪神《はんしん》・淡路《あわじ》大震災、地下鉄サリン事件が起こるなど、終末の様相を呈《てい》した日本は激動・混沌の時代に入ります。

このあと、水野先生に解説をお願いしたいのですが、特に企業社会は大転換を迫られました。まず、日経連から「新時代の『日本的経営』——挑戦すべき方向と具体策」と銘打った報告書が出され、今日の格差問題の種が蒔《ま》かれます。その趣旨は、労働者を幹部候補と専門職と派遣社員（非正規社員）に分類して、労働力の流動化を進め、人件費節約をはかるというものです。

これには、不安定な非正規雇用を増やすとの批判が起こります。私は当時、この報告書は「これからは、会社は社員の面倒は見ない」という宣言にほかならない、と述べました。

一九九六年に橋本龍太郎内閣が発足し、国会は住専《じゅうせん》（住宅金融専門会社）八社の不良債権をめぐり、紛糾しました。野党は住専処理を盛り込んだ政府予算案の審議をストップさせるために、予算委員会の部屋の入口に二一〇日間も座り込みを続けました。結局、不良債

権処理に対して六八五〇億円の公的資金が投入されました。

この間、金融危機が忍《しの》び寄っていました。そして一九九七年、一三行あった都市銀行のひとつ、北海道拓殖銀行（拓銀）が破綻。当時、私は札幌《さっぽろ》に住んでいたこともあり、大きなショックを受けました。公的資金を注入すればいいものを、現金ショートで破綻した。要するに、キャッシュが底をついて払い戻しに応じられないから倒産したわけです。

なぜ、公的資金を注入しなかったのでしょうか。これには、一回銀行を潰《つぶ》して、経営者だけでなく広く国民にショックを与える、大蔵省の社会実験だったのではないかという陰謀論があります。もちろん、真偽は検証しようがありませんが。

金融危機のさなか、橋本政権は金融ビッグバン（一九九六〜二〇〇一年に行なわれた大規模な金融制度改革）に取り組みます。なぜこの時期に、という疑問が残ります。

橋本という政治家は、改革の旗手になりたいという意欲を持っていました。内政では行政改革（中央省庁の再編）を、経済面では金融ビッグバンをすべきだ、と吹き込んだ人がいたのではないか。

転機となった新日鐵のリストラ――水野

私が企業は変わったと思ったのは、日経連の報告書の二年前、新日鐵（＝新日本製鐵。現・日本製鉄）が行なった、戦後はじめてのホワイトカラーのリストラです。

新日鐵は一九九三年、急激な円高などによる業績悪化で、ホワイトカラーを含む七〇〇〇人の人員を削減したのです。それまで、リストラは工場労働者が対象でした。しかし、この時は鰻《うなぎ》の養殖などの子会社を作り、ホワイトカラーをそこに転籍させるといったかたちで削減しました。

あくまで推測ですが、一九九九年の大手銀行一五行への公的資金注入時の舞台裏と同じように思えます。この時、東京三菱銀行（現・三菱ＵＦＪ銀行）が最初に申請しています。金融界の人に話を聞くと、自他ともに認める優良行である三菱は公的資金を必要としていなかった。しかし、公的資金が必要な他の銀行が三菱に頼んで、三菱ですら注入を申請するのだから受け入れてもしかたないという状況を作ってもらったそうです。真っ先に手を挙げれば、危ない銀行だと疑われてしまうからです。

新日鐵の場合も、結果として三菱と同じ意味がありました。新日鐵のリストラを機に

「経団連の会長を出すほどの名門企業・新日鐵でも、リストラをするのだから」と、まるでお墨付《すみつ》きを得たかのように、日本の企業でリストラが始まっていきました。

日経連の報告書「新時代の『日本的経営』」には、私も呆《あき》れました。当時、株価は下がり続け、不良債権が増え、銀行が借り換えに応じないという切羽《せっぱ》詰まった経済状態にあり、日本国が潰れるかどうかという危機的な時期でした。

報告書は労働の多様化を謳《うた》い、ふだんは集中して働き、休日はたっぷりレジャーを楽しむようなことが書かれていましたが、実際は、派遣労働を認めると受け取れるものでした。のちに、日経連の専務理事が「このような使われ方をされるとは思わなかった」と弁明していましたが、常識で考えれば、この報告書が企業社会でどのように使われるか容易に想像がつきます。

新日鐵のリストラ、そして日経連の報告書以降、労働者は企業コストの調整弁となっていきます。そして終身雇用、年功序列、仲間意識といった日本的経営システムが否定され、崩壊していくのです。

日本経済・最大の危機——水野

金融危機の兆候は、一九九五年前後から広がった中小金融機関の破綻に現われていました。そして一九九七年一一月一七日、前述のように拓銀が不良債権で行き詰まり、都市銀行ではじめて破綻します。銀行は潰れない、という不倒神話が崩れたのです。

同月二四日には、大手証券の山一證券が自主廃業。翌々日の二六日、信用不安は一挙に広がり、全国の約二〇の銀行の本店、支店で取り付け騒ぎが起こっています。取り付けを外部の目に晒《さら》すのは、金融機関にとって好ましくありません。各行とも開店前から、押しかけた客をラッシュアワーの通勤電車のように店内に押し込んでいました。一日でこれだけの取り付けは、戦後初と言われています。

事態を重く見た三塚博《みつづかひろし》蔵相は、松下康雄《まつしたやすお》日銀総裁と連名で、預金だけでなくあらゆる金融商品を全額保護する、払い出しに政府と日銀が資金を供給する、と異例の談話を発表します。さらに、蔵相は記者会見で「破綻しそうな金融機関は他にない」と言い切りました。

その日の株式市場では銀行や証券、不動産などの特定銘柄に売りが殺到、株価は急激に下落しました。市場関係者、企業人、政府関係者、マスコミ関係者などの間では、日本経済が破綻し、日本国が崩壊してしまうのではないかと悲観する人も少なくありませんでした。

山口先生が指摘された「拓銀の破綻は大蔵省の社会実験」に、私も同意します。当時の大蔵省なら、それくらいのことはやりかねないのです。たとえば、大蔵省からの三洋証券（一九九七年破綻）引き取り要請を拒否した某証券会社は、大蔵省の怒りを買って検査に入られ、営業停止命令を受けます。その後に合併、改称を重ねて、事実上の消滅に追い込まれました。大蔵省の意思が働いているのでは、と憶測する市場関係者もいます。

金融ビッグバンと外国資本の来襲――水野

金融ビッグバンは、私も不思議に思っています。金融・証券市場を大改革してロンドン、ニューヨークに並ぶ国際市場として再生するというのが、その目的とされました。しかし私は、日本企業、特に銀行を弱体化して、アメリカ資本が日本に入りやすくするための制度変更だった、と見ています。

バブル経済最盛期の一九八九年、企業の時価総額ランキングにおいて、世界のトップ10のなかに日本の銀行が六行もランクインしていました。しかし、金融ビッグバンが始まる一九九六年には、トップ10からすべて消えています。

アメリカは、日本企業の強さが日本の会計法「簿価《ぼか》会計」にある、と見ていました。つまり、時価（市場価格）と簿価（貸借対照表の金額）の差額である含み益こそが強さの源泉であると考えたわけです。地価など資産価格が下がっている時に時価会計を導入すれば、含み損を表《おもて》に出して損失計上をしなければなりません。株主からは大規模なリストラを迫られることになります。そのために、日本経済はデフレスパイラル（デフレとは消費者物価が2年以上にわたって下落する状態のこと。物価の下落は企業収益を悪化させて労働者の所得減少となり、それによる需要の減退から、さらなる物価の下落を招くという悪循環）の危機に直面しました。

一九九七年、金融ビッグバンの一環として、アメリカと同じ「時価会計」処理をできるように制度が変更されます。そして、制度変更で含み益をすべて吐《は》き出させたところで、二〇〇一年に時価会計の全面導入となりました。制度変更時の首相は橋本龍太郎です。資産価格が縮小している最悪の時になぜ「時価会計」を取り入れたのか、という思いが強くあります。

たぶん、アメリカがシナリオを描いたのでしょう。それを取り次いだのが、官僚なのかアメリカかぶれの御用学者なのかはわかりませんが、橋本首相はその鼻《はな》っ柱《ぱしら》の強いキャラクターのまま「経済が弱っている時に時価会計はダメだ。健全な状態になってから導入する」と言うべきでした。これは、政治センスが悪い、といった話ですまされることではありません。

金融ビッグバンは日本の置かれた状況からすれば、もっとも行なってはいけないことでした。会計ルールを簿価から時価に変更すれば、日本企業は軒並《のきな》み評価損になります。銀行も体力が弱まりますから、日本企業は資金面で外国の銀行に頼らざるをえない。となれば、外国の資本が大量に入ってきます。日産とルノーの資本提携には、こうした事情があったのです。

国際業務を行なう銀行には自己資本比率規制（BIS《ビス》規制）があり、リスク資産に対して一定以上の自己資本を持つことになっていますから、資産評価額が下がることは、その分、自己資本が目減りすることを意味します。当然、銀行は貸付金の残高も圧縮しますから、中小企業などへの貸し渋り、さらには貸し剝《は》がしが起こるのは必然でした。

自公体制の確立——山口

金融危機は、政界再編の動きを一回凍結したという効果がありました。

一九九八年の参議院選挙で自民党が敗北し、橋本内閣が退陣します。参院では自民党が少数という、ねじれ現象が続くなかで、躍進した民主党を中心とする野党主導で国会運営が進みました。

これを象徴するのが、橋本退陣後の首班指名選挙です。参議院では、自由党と共産党の協力により民主党の菅直人《かんなおと》が首相に指名されたのです。とはいえ、結局、衆議院で首班指名された自民党の小渕恵三が首相となり、小渕政権が発足しました。

金融危機対応の金融再生法案審議のなかで、一躍《いちやく》総理候補になった菅は、金融問題を政争の具にしないという姿勢を取ります。しかし、自由党党首・小沢一郎は「そんなことではダメだ」と離反、自民党とくっつきます。結局、自民党は参議院で過半数を割っていることから、金融再生法案は民主党案を丸飲みせざるをえませんでした。

小渕政権には、あまり印象がありません。細川政権誕生からの改革、再編の流れで、各政権（細川・羽田・村山・橋本）は特徴なり個性なりを持っていましたが、小渕首相はみずから「真空総理」と言っていたくらいで、印象が薄いのです。強いて挙げれば、「日本一の借金王」と自嘲《じちょう》したように、景気対策で赤字国債をバンバン発行したことくらいです。

アジア外交では、中国の江沢民《こうたくみん》国家主席と韓国の金大中大統領の来日がありました。かつて親中国と言われた経世会に、まだ中国とのパイプがあったということです。韓国とは前章で触れているように、日本側の反省を踏まえて未来志向的な関係づくりを目指していました。外交的にはうまくいった時代で、今とはまったく雰囲気が違っていました。日本が東アジアの盟主として、他国を引っ張っていく自信があったのでしょう。

一九九九年、自民党と自由党による自自《じじ》政権が発足します。小沢は正攻法での政権交代をあきらめて、いったん自民党と組んで政権に入り、保守二党による再編を考えたのでしょう。これにより、政権交代を目指す野党の動きが一回止まりました。

自民党と自由党だけでは参議院の過半数が取れないので、公明党を取り込もうとします。しかし、いきなり自公が組むのは公明党支持者に受け入れられにくいため、間に自由党が入ったわけです。こうして自自公《じじこう》政権が誕生、国会審議は安定化しました。

小渕が亡くなる直前、小沢は、自由党と自民党をともに解党して新党を作るというドラスティックな提案をして、自民党に亀裂を生むようなことを仕掛けました。小渕首相はそれを拒絶し、小沢は連立からの離脱を決めます。その直後に小渕首相は倒れ、帰らぬ人となってしまいました。小沢が考えるほど、自民党はヤワでありませんでした。そんな簡単に割れるものではなかったのです。むしろ、自民党としては公明党との協力関係が確立していけば、小沢はいらないと考えていたのだと思います。

魂《たましい》を売り渡した日本人経営者——水野

結局、一九九〇年代はロックフェラーセンターやハリウッドの映画配給会社を買った一九八〇年代の裏返しの時代でした。

この一〇年間は、アメリカが日本的経営の根幹を崩して日本経済の弱体化をはかった時代だったのです。アメリカは、最初に日本の国債の値崩《ねくず》しを仕掛けてきました。一九九〇年度の日本の国債残高は一六六兆円（GDP比三六・八％）でしたが、二〇〇〇年度になると三六八兆円（同六九・六％）にまで膨らんでいたので、外国人投資家は、日本の国債は値下がりすると予想していたのです。ところが、日本の銀行、生保が売りに出さないので、この戦術は失敗します。

次に打った手は、BIS規制で銀行の体力を奪うことでした。当時、日本の銀行は株式持ち合いで中心的な役割を担い、多数の企業の株を保有していました。株はリスク資産ですから、不良債権を抱えた銀行は、BIS規制により株を手放さなくてはなりません。そこに乗じて、外国（主にアメリカ）企業が、日本の優秀な企業に株主としてやすやすと入ってくることができます。

ソニーやトヨタ自動車は、外国人株主比率が高い企業です。日本のメディアがおかしいのは、それを「優良企業」と称賛することです。外国人株主が多いということは、外国人の支配下にある企業という意味です。これを「優良企業」と呼ぶことに、私は違和感を覚えます。

その優良企業であるソニーは、一九九七年頃からリストラを開始します。リストラは以後も行なわれ、二〇一五年に「リストラ終了」宣言を出すまで続きました。二〇一八年、社長を退任した現会長の役員報酬が二七億円！　思わず、リストラされた人たちを呼び戻せよ、と言いたくなりました。リストラで七万人以上がやめていったわけですから（「Business Journal」二〇一五年一一月三日）、単純に経営者の手柄・実績とは言えないと思うのです。

現在も、リストラで利益を出す、欧米流の経営がまかり通っています。株主総会で「このような方針には賛成できない」と辞表を叩《たた》きつけるような経営者は出てこないのでしょうか。

第三章

熱狂する国民

——小泉政権と同時多発テロ

2000〜2004年

●**概観**　二〇〇〇年代に入ると、「強者の論理」でもある「新自由主義」が日本社会を席巻します。民意を汲《く》んだ「強い首相」として登場した小泉純一郎は経済界に呼応《こおう》し、「自己責任」を呪文《じゅもん》のように唱え、規制緩和を通じて強い者、持てる者がさらに有利になる利益誘導ルールに変えていきました。

企業社会は新ルールの下で「労使協調」が完全に破壊され、労働者側は経営者側、資本家側に屈します。「持たざる個人」が生きづらくなるのは、この頃から始まったのです。

小泉首相は自民党解体、官邸政治、物言えぬ党員と、政治の世界の常識を変え、新たな政治システムに作り替えてしまいました。対外的には、戦争をしない国から戦争ができる国へと転換をはかります。対米追随外交を明確にもしました。その在任期間は五年半におよび、長期政権となりましたが、まさに良くも悪くも「小泉の時代」でした。

この時代を象徴するものとして、新自由主義の申し子と言うべき新富裕層「ヒルズ族」による既成社会への挑戦があります。

2000〜2004年の動き

2000年	
4月	地方分権一括法施行
	介護保険制度スタート
	森喜朗内閣が発足
	携帯電話が固定電話の台数を抜く
9月	インテルの株価急落(アメリカ)→インテル・ショック
2001年	
1月	中央省庁再編成
	ジョージ・ブッシュ(子)大統領就任(アメリカ)
4月	小泉純一郎内閣が発足
6月	骨太の方針(構造改革の基本方針)発表
7月	第19回参議院選挙、小泉旋風で自民党圧勝
9月	同時多発テロ(アメリカ)
10月	アメリカ、アフガニスタン空爆開始
	テロ対策特別措置法などテロ3法成立→アメリカの後方支援が可能に
12月	皇太子ご夫妻に第一子・愛子内親王誕生
2002年	
1月	北海道の太平洋炭礦が閉山→日本の石炭産業が事実上消滅
5月	経団連と日経連が統合し、日本経済団体連合会(経団連)が発足
	日韓ワールドカップ開催
9月	小泉首相、北朝鮮訪問
10月	拉致被害者5人が帰国
2003年	
3月	イラク戦争勃発
4月	東京・六本木ヒルズ完成
	フセイン政権崩壊(イラク)
	日経平均株価がバブル後最安値を記録(7607円)
5月	個人情報保護法成立
7月	りそな銀行に公的資金注入→不良債権処理にメド
	自民党、公明党による連立政権が発足
2004年	
1月	陸上自衛隊と航空自衛隊にイラク派遣命令
5月	小泉首相、北朝鮮再訪問。拉致被害者家族が帰国

加藤の乱——山口

二〇〇〇年代に入ると、政治の動きは凪《なぎ》のような状態になります。自民党の危機が終焉したからです。自民党はリクルート事件、佐川急便事件（金丸信副総裁への闇献金）から始まった、政治とカネをめぐる国民的批判の高まりと、自民党の分裂や政党再編をなんとか乗り切ったわけです。

さらに、自公連立という非常に安定したシステムができあがり、それは自民党にとって安楽で快適な生存環境となりました。参議院のねじれを克服するという動機による、偶然の産物でした。

他方、野党の側では民主党が野党第一党になることははっきりしたのですが、まだ力のうえでは自民党とは圧倒的な差があり、政権交代への道筋はなかなか描けない状態でした。そのなかにあって、自民党は相対的安定を取り戻します。

二〇〇〇年、森《もり》（喜朗《よしろう》）政権が誕生します。小渕首相が急病で倒れたあと、自民党の実力者である青木幹雄《あおきみきお》（当時・官房長官）、村上正邦《むらかみまさくに》（同・政策科学研究所＝渡辺派会長）、亀井静香《かめいしずか》（同・自民党政調会長）、野中広務《のなかひろむ》（同・自民党幹事長）に、森（同・清和政策研究会

＝森派会長）を含めた密室人事によって、森が後継首相となったのです。実に、旧態依然たる派閥政治の発想です。それだけ、自民党内では緊張感が緩《ゆる》んでいたのです。

案《あん》の定《じょう》と言うべきか、森は首相になってからは、失言の連続。ついには二〇〇一年二月、ハワイ沖のえひめ丸事故の対応が問題になり、支持率は一桁台《ひとけた》に急降下しました。これは、愛媛県の水産高校の練習船がアメリカ海軍の原子力潜水艦と衝突して沈没し、犠牲者が出た事故です。森は事故の一報をゴルフプレー中に聞きますが、プレーをやめなかったことが大問題になりました。

前年一一月には、いわゆる「加藤《かとう》（紘一《こういち》）の乱」が起きています。これは、森政権がきわめて不人気な状況のなか、自民党内で新しい政治、あるいは自民党のモデルチェンジをはかろうと、加藤紘一（宏池会会長）と山崎拓（近未来政治研究会＝山崎派会長）が野党の提出する森内閣不信任案に同調する構えを見せたのですが、結局、野中らに鎮圧されます。

一九九〇年代の感覚で言えば、党から離脱して再編を起こすことの現実味はまだ存在していたと言えます。しかし、加藤自身の優柔不断さ、加えて自分が率いる宏池会を掌握しきれなかった甘さ、さらには小選挙区制（一九九六年に導入された小選挙区比例代表並立制）で自民党の看板をはずして選挙を戦えるかどうかの見極《みきわ》めがつけられなかったことで、未遂に終わりました。

宮澤政権の不信任の時は、小沢や武村たちが党を割ったのですが、この時は中選挙区制でしたから、反乱が起こしやすかったのです。個人で戦っても浮動票を集めて勝てる可能性がありますが、小選挙区制、特に当選者がひとりの一人区では、自民党の看板をはずして戦うことに、自信が持てなかったのでしょう。

選挙制度を変えることによって、個々の政治家の自由度が低下したことが、加藤の乱で明らかになったわけです。

さらに、加藤がここで挫折したことは、自民党のハト派勢力が消滅するきっかけになりました。宏池会は、自民党における穏健派・ハト派の牙城《がじょう》だったからです。今日の自民党の劣化《れっか》の起点がここにあった、とも言えます。

インテル・ショック――水野

二〇〇〇年は、ITバブルが弾けた年でもあります。

ITバブルは一九九六年一二月、パソコンのOSソフト・ウインドウズ95の登場が火つけ役となって始まりました。FRB（連邦準備制度理事会）のアラン・グリーンスパン議長は、株価の上昇にバブルの兆《きざ》しを見て取り、同年一二月五日に「根拠なき熱狂」と発言して牽制《けんせい》します。ところが、半年後には手の平を返し、一九九七年七月の議会証言で「一〇〇年に一度の生産革命」と言い、インターネットブームを煽《あお》り出したのです。

IT革命の象徴が、パソコンのCPU（中央演算処理装置）を作っていたインテルです。インテルの株価を筆頭に、ウインドウズを作っていたマイクロソフトなどのIT関連企業の株価がどんどん上がっていきました。確かに、インテルの業績は好調でした。

しかし二〇〇〇年九月二一日、インテルは、七－九月期の連結決算の業績下方修正を発表しました。ヨーロッパ子会社のユーロ建ての業績をドル換算すると、利益がユーロ安のため縮んでしまったからです。とたんに、インテル株を筆頭に半導体関連の株がいっせいに売られ、インテルの株価は前日比二二％も下落。「インテル・ショック」と言われました。そして、それまでの株高は「ＩＴバブルだった」と解《かい》されたのです。

これは、ドルが強すぎて、業績が市場の期待におよばなかったことが原因ですが、弱いドルでも強いドルでも、アメリカ経済が抱える過剰消費・過少貯蓄問題は解消しないことが明らかになったわけです。

それにもかかわらず、アメリカは過剰消費体質にメスを入れることなく、対症療法として利下げをして、長期にわたって金融緩和を続けます。これが、二〇〇八年の「リーマン・ショック」につながっていきます。バブル崩壊の影響は、次のもっと大きなバブルの生成で打ち消していくという政策を続けたのです。

ポピュリスト・小泉純一郎の登場――山口

小泉純一郎首相の登場は、政治の流れを大きく変えました。確かに、変化を求める民意は一九九〇年代から一貫してありましたし、当時の自民党には良くも悪くも責任感を持った政治家が存在していました。

彼らは、国民の信頼を回復するために自民党の悪い部分を否定し、改革も厭《いと》わない動きをしていました。その代表が橋本龍太郎です。橋本は行政改革、財政構造改革、社会保障構造改革、経済構造改革、金融システム改革、教育改革を、「六つの改革」として提唱。金融ビッグバンである金融システム改革はいただけませんでしたが、行革は「火だるまになってもやり抜く」と並々《なみなみ》ならぬ決意を示し、中央省庁の再編を断行しました。

二〇〇一年四月「自民党はやはりダメだ」という世論が広がるなか、森首相は退陣します。自民党総裁選は、小泉純一郎、橋本龍太郎、麻生太郎《あそうたろう》、亀井静香の四人の争いとなりましたが、事実上は小泉と橋本の一騎打ちです。

当初、各派閥の協力をまとめた橋本が有利と見られていましたが、実際は、国会議員票一四〇票、地方票にあたる県連票はわずか一五票の合計一五五票にとどまります。これに対し、小泉は国会議員票一七五票、県連票一二三票の合計二九八票で圧勝しました。誰もが予想しなかった展開で、小泉が首相の座を射止《いと》めたのです。

小泉首相は構造改革を訴《うった》えました。しかし、何をどう変えるかという具体策は示すことなく、また「自民党をぶっ壊《こわ》す」など煽情的《せんじょうてき》なワンフレーズを叫ぶだけでした。これは小泉の周到で巧《たく》みな戦術だったのですが、人々の自民党政治への不満と改革への期待感をわしづかみにして、火をつけました。

街頭宣伝で圧倒的に有権者の票を動かすというのは、まったく新しい現象でした。まさに、これぞポピュリズムという戦術です。「日本的ポピュリズム」が出現したのです。

ちなみに、自民党総裁選で一般党員の票で下馬評《げばひょう》を覆《くつがえ》したのは、一九七八年の福田《ふくだ》赳夫《たけお》首相と大平正芳幹事長が戦った一例のみ。大平が予備選で圧勝すると、福田は本選を辞退し、「天の声にも変な声がたまにはある」という言葉を残しました。

この時、大平の盟友・田中角栄が率いる木曜クラブ（田中派）の秘書軍団は大平のため、徹底的に票の掘り起こしをしました。自民党総裁選ですから、有権者は自民党員だけです。政治のプロたちが一生懸命動いたことで、党員票を固めたわけです。

しかし、小泉はその正反対です。小泉は福田の秘書を務め、清和政策研究会（森派。旧・福田派）に所属していましたが、党内に君臨した最強派閥・経世会（一九九六年に平成研究会に改称。本章では経世会を使用）に対抗するため、街頭やテレビなどメディアを徹底的に利用することで、自民党内の浮動票を圧倒的に取り込んだのです。これも新しい現象でした。

人々の政治意識の流動化が、自民党員のなかにも広がっていたことがここで明らかになりました。「自民党をぶっ壊す」と叫ぶことで、自民党総裁、首相になれるという皮肉な現象が起こったわけです。「見世物政治」の始まりでした。

官邸政治の始まり――山口

小泉首相は従来にない政治手法で、政権運営に臨みます。橋本行革による中央省庁再編（実施は森政権下）で強化された内閣府を活用し、首相官邸をコントロールタワーにしたのです。首相官邸からはトップダウンで各省庁に強い指示が出されますが、これは官僚の各論反対を抑え込むうえで、効果的な手法でした。また、官邸には経済財政諮問会議など中枢的な諮問機関が作られ、それぞれに強い権限が与えられました。

二〇〇一年七月の参議院選挙は小泉旋風が巻き起こり、自民党が大勝。自民党の象徴である経世会に正面から立ち向かう小泉首相は、国民の目には格好よく映《うつ》ったのです。小泉は経世会支配時代、常に自民党内のアウトサイダーでした。もの欲しげに権力者にすり寄らない、郵政民営化という持論を主張して経世会と闘う、そのイメージは強烈でした。

国民の熱狂の歓迎を受けて就任した小泉首相は、在任期間およそ五年半の長期政権を築きます。平成に入ってからの歴代首相にはない、強烈なリーダーシップが支持されたのです。在任期間中の平均支持率は細川、現在任期中の安倍に次ぐ三位。とりわけ、就任から三年間の平均支持率は五〇%を超え、一位の細川首相に次ぐ数字です。細川の在任期間はわずか八カ月ですから、実質トップと言っていいでしょう。

予想外の総裁選勝利といい、まさに国民と直接結びついた異質の首相で、小泉の政権・政策運営は小選挙区制という制度改革がもたらしたものです。選挙の戦い方も変わり、人気あるリーダーにぶら下がって勝利を得る安易さが常態化していきました。

強い首相だからこそ、財政再建を期待する向きは多いですから、当然、消費税増税の議論が沸《わ》き上がります。しかし、小泉首相は「在任中は、消費税は引き上げない」と断言。消費税から逃げているとの批判を受けましたが、小泉首相は消費税引き上げより、歳出削減を優先すべきだと考えていました。とはいえ、財政再建の道筋を、国民に論理立てて具体的に説明したことがありません。

かつて、橋本首相が消費税を三%から五%に引き上げて参議院選挙で大敗、退陣に追い込まれています。小泉首相が消費税増税に踏み込まなかったのは、橋本の失敗も影響していたと推測します。

労働者の敗北を決定づけた「春闘は死語」発言――水野

私は、前述の新日鐵のリストラで日本企業は変わったと感じましたが、二〇〇〇年代に入ったとたん、トップ企業の経営者の発言に、日本企業が本当に変わってしまったのだと衝撃を受けました。

ひとつは、二〇〇一年の秋草直之《あきくさなおゆき》富士通社長のインタビューです（「週刊東洋経済」二〇〇一年一〇月一三日号）。業績の下方修正に対する社長の責任を問われ、「くだらない質問だ。業績が悪いのは、従業員が働かないからいけない」と答えたのです。内心そう思っていても、けっして口に出してはいけないことです。だから「えーっ」と驚きましたね。当然、経営に対する責任放棄と批判されました。

もうひとつは、奥田碩《おくだひろし》トヨタ自動車会長の「春闘（春季生活闘争）は死語」発言です。奥田会長は二〇〇二年の同社の春闘で「いつまで一〇〇円玉の争いをしているのだ」と労《ろう》使《し》（労組と会社の双方）を一喝《いっかつ》、ベースアップをゼロにしてしまいました。これは「奥田ショック」とも言われました。

奥田会長は、その直後に経団連と日経連が統合してできた日本経済団体連合会（経団連）の会長に就任します。そして二〇〇四年春、春闘スタートを宣言した連合に対し、奥田会長は「春闘（という言葉）をまだ使っているの。もう死語になっていると思った」と機先《きせん》を制します。

以降、トヨタ自動車労組だけでなく、電機連合など他の労組も二〇〇四年から三年間、賃上げ要求をしない「春闘冬の時代」が続きます。「春闘は死語になった」とは、春闘なんかやっても賃上げは認めないという意思の表われで、「連合潰し」の意味があったのでしょう。ここに、連合は決定的な敗北を喫するのです。

金融危機が深刻化した一九九七年以降、景気の良し悪しに関係なく現在に至るまで、勤労者の実質賃金は下がり続けていました。二〇〇〇年に入ってのＩＴ景気など、小泉長期政権で景気は回復したのですが、賃金はいっこうに上がりません。むしろ、新経団連の発足後は下降し続け、企業の収益と勤労者所得は逆相関になっています。

経営者側からすれば、一九九五年の「新時代の『日本的経営』」の思惑どおりに進んだことを世に勝利宣言するかのような絶妙のタイミングで、「従業員が働かないから」赤字だとか、「春闘は死語」だ、との発言を行なったわけです。経営者側、資本家側の大勝利を象徴づける発言でした。

拉致《らち》事件と、潰《つぶ》された独自外交──山口

小泉首相の外交には特徴があります。どうしようもない対米追随という「守り」と、北朝鮮への大胆な独自外交という「攻め」です。

二〇〇二年の電撃的な平壌《ピョンヤン》訪問は、本当にびっくりしました。事前に漏《も》れることもありませんでしたから、水面下で周到に意欲的な交渉をしていたのでしょう。「日朝平壌宣言」は画期的《かっきてき》でした。核ミサイルの凍結を引き出し、日朝国交正常化に向けて努力する姿勢を見せたのですから、すごいことをしたものだ、と感嘆しました。

北朝鮮は日本にとって唯一、国交のない国であり、最後の戦後処理の課題でもありました。これをアメリカ抜きで独自にやるというのは、非常に勇気のいることです。

しかし残念ながら、田中均《たなかひとし》外務審議官が主導した、この独自外交、つまり東アジアにおける国際秩序を日本が自律的に作り出すことは、潰されてしまいます。これには、アメリカの干渉もありますが、北朝鮮による拉致事件の全体像が明るみに出ることによって、国民感情が外交を制約したということがあります。

また、小泉訪朝に同行した安倍晋三官房副長官が拉致事件を最大限、政治的に利用したという面もあります。日朝会談の結果、拉致被害者が日本に一時帰国しますが、彼らを引き留《と》めることで、結果、北朝鮮との約束を日本側が破るかたちになりました。その際、安倍は相当な強硬論で臨んだのではないか。「拉致事件の解決なくして国交正常化なし」というように。

日朝平壌宣言は、大人の外交と言えると思います。核ミサイルを凍結するなら、経済援助もして国交正常化に向けて話し合うといった、国と国の冷静な打算によるディールがあったのです。しかし、拉致事件が噴《ふ》き出したことによって、国民感情をコントロールできなくなり、国と国の交渉が国民感情に引っ張られる局面に入ってしまいました。小泉首相は日朝国交正常化について、コントロール能力を失ったように見受けられました。

朝鮮半島に対して、日本は植民地支配という負い目があります。韓国との関係において、慰安婦問題などで謝罪させられる役割を続けざるをえませんでした。これが、もし日朝国交正常化となれば、北朝鮮は日本に植民地支配を歴史的大罪と認めさせ、巨額の賠償を求めてくるでしょう。その際、韓国と同じく慰安婦、徴用工の問題を持ち出すことは明らかです。

しかし、拉致事件によって、日本は被害者の立場を手に入れました。対韓国のように謝り続ける立場ではない、日本人をさらわれて人権侵害されている、おたがい対等に過去の歴史の罪の償《つぐな》いを議論するべきだとナショナリズムが刺激され、どんどん広がっていきました。このナショナリズムは韓国にも向けられ、ヘイトスピーチや嫌韓感情が広がっていく出発点になりました。拉致事件は、日本人のナショナリズムの奔流《ほんりゅう》の水門を開いたのです。

戦争をしない「安保条約」から、戦争ができる「日米同盟」へ——山口

対米追随外交は、戦後の日本外交の本流です。北朝鮮との国交回復のチャレンジをあき

らめた小泉政権は、二〇〇一年九月一一日のアメリカ同時多発テロ事件以降、アフガニスタン戦争、イラク戦争と、一貫してアメリカの戦争を支持する対応を取り、さらに自衛隊をイラクに派遣しました。

集団的自衛権の発動にならないように、防衛庁（現・防衛省）の官僚たちがガラス細工《ざいく》のような論理で「イラク特措法（イラクにおける人道復興支援活動及び安全確保支援活動の実施に関する特別措置法）」を作りましたが、実質的に、アメリカの戦争のために自衛隊も協力するという大きな逸脱をしました。

小泉政権は対米軍事協力に関して、大きな転換をした政権と言えるでしょう。当時、フランスやドイツはイラク戦争には明確に反対して、アメリカを批判していました。日本は直接、軍隊を派遣することはしませんでしたが、アメリカへの全面支持を明らかにしました。

「日米同盟」という言葉が国会でもメディアでも定着したのが、この頃です。それまでは、「日米安全保障条約（正式名称・日本国とアメリカ合衆国との間の相互協力及び安全保障条約、略称・安保条約）」が一般的でした。

「日米同盟」は、一九八一年に訪米した鈴木善幸《すずきぜんこう》首相とレーガン大統領による日米共同声明ではじめて使われました。帰国後、鈴木首相は記者会見で「軍事的意味合いは持っていない」と答え、政府内で紛糾します。「軍事的な関係、安全保障を含まないというのはナンセンス」と発言した外務省の高島益郎《たかしまますお》事務次官を擁護した伊東正義《いとうまさよし》外相が辞任しました。

私が違和感を持って「日米同盟」を意識し始めたのは、橋本・小渕時代に沖縄の基地をめぐって頻繁《ひんぱん》に使われるようになってからです。当時、元・朝日新聞社主筆の船橋洋一《ふなばしよういち》は、一九九七年に刊行したルポルタージュ『同盟漂流』のなかで、沖縄の問題を中心に日米安保が揺らいでいることを記しています。

橋本・小渕時代は周辺事態法を作り、日本が直接攻撃を受けていなくても、日本周辺で有事になったらアメリカ軍のために協力できるようになります。あの頃から、普通に「日米同盟」という言葉を使うようになったように思います。国民も安保条約を、軍事同盟の意味でとらえるようになりました。

同盟とは通常、戦争を前提とした「攻守同盟」を指し、集団的自衛権の行使が含まれた概念です。しかし、集団的自衛権が禁止された日本国憲法下では、「攻守同盟」の意味を鮮明にすることはできません。小泉首相はさすがに、集団的自衛権の行使は正面から認めませんでしたが、実質的にかぎりなく集団的自衛権に近い自衛隊の軍事協力を行なったのです。

「物言う株主」による企業買収——水野

二〇〇三年四月二八日、日経平均株価はバブル崩壊後の当時としての最安値七六〇七円を記録しますが、その後は上昇していきました。また同年七月一日、りそな銀行に最後となる公的資金の注入により、不良債権処理が終わります。失われた一九九〇年代の区切りです。バブル崩壊がようやく止まったということで、二〇〇二年の「景気のボトム」から「景気の立ち上がり」に転換したのです。

この頃、「ヒルズ族」と呼ばれる新富裕層が出現しました。ヒルズ族とは、東京の高層ビル・六本木《ろっぽんぎ》ヒルズに会社オフィスを置く経営者、あるいは同住宅棟の住人を指します。ホリエモンこと堀江貴文《ほりえたかふみ》ライブドア社長、村上世彰《むらかみよしあき》村上ファンド代表らの起業家や投資家がIT化の波に乗って、事業を拡大していったのです。

彼らは証券市場を舞台に、市場の論理を掲げてM&A（合併・買収）を展開していきます。市場の論理とは、やや乱暴に言えば、法律に「禁止」と書かれていなければ何をしてもよいというルールであり、政府の規制を廃し、市場の価格メカニズムを信奉して、自由競争にゆだねることが資源配分上もっとも合理的だとする新自由主義に拠《よ》った考え方です。

また、株価上昇を背景に、証券市場を活用して「時価総額経営」にのめり込んでいきます。何かを生産することもなく、販売することもない「投機」をビジネスにしたのです。その代表的なものが、株式分割による増資《ぞうし》（資本金の増加）です。分割すると株価が上昇しやすい当時のしくみを利用して、増資を繰り返したのです。

ライブドアはニッポン放送の、村上ファンドは阪神電鉄の株を大量取得して買収を仕掛け、社会を驚かせました。彼らは積極的に株主提案を行なったり、経営者批判をしたりする「物言う株主」としても脚光を浴びます。しかしながら、彼らの買収行動は社会から大きな反発を受けます。そして、堀江・村上両氏が証券取引法違反で逮捕されたことで、M

&Aブームは終息に向かうのです。

小泉政治の正体──山口

小泉政権下、二〇〇五年の郵政民営化法成立前から、新自由主義にもとづく規制緩和、社会保障費の削減、地方交付税の抑制といった「構造改革」が進んでいきました。新自由主義とは、政府よりも市場のほうが正しい資源配分ができる、という市場原理主義の考え方です。

ここには純粋な市場経済をもたらすイメージがありますけれど、私は小泉構造改革の本質は他にもあると考えています。要するに、利益誘導の方法が変わったのです。

二〇世紀型利益誘導政治は、経世会の政治家ががんばって、大蔵省や建設省（現・国土交通省）や農林水産省の官僚を動かし、地元にカネを引っ張ってきては、道路や橋などの公共工事を行なうというものです。それらは成果物として、地域の人たちの目に見えるモニュメントになっていく。そのいっぽうで、無駄な公共事業を抱え、財政赤字は膨らんでいきました。

二一世紀に入ると、小泉は旧来の自民党の象徴であり、本丸でもあった経世会を攻撃することで、このシステムを解体していきます。そして、新たな利益誘導型政治が始まるのです。二一世紀型利益誘導政治は、政府が経済にかかわらずに純粋な市場経済を作るのではなく、ルールを変えることによって特定の人たちがもっと儲《もう》かるようにしていくシステムです。

その典型例が、雇用です。労働基準法、職業安定法などの雇用に関する規制を緩和する（ルールを変更する）ことで、雇用の流動性が生まれましたが、不安定な非正規雇用が増え、経営者など強い者がますます儲かるようになっていくのです。

二一世紀型利益誘導政治は、二〇世紀型とは異なり、カネの流れはあまり目に見えません。ルールを変えるのですから、明らかに不公平ですが、政治的な力を使って特定の集団にカネをあげるわけではありません。市場におけるモノやサービスの取引を通して、特定のところに利益がより多く流れるしくみを作るのです。これが、新自由主義的な構造改革のひとつのポイントです。

その先兵になったのが、第一次小泉政権で経済財政政策担当大臣とＩＴ担当大臣を務めた竹中平蔵《たけなかへいぞう》です。竹中は経済財政諮問会議で雇用の規制緩和を進めるいっぽう、パソナなど人材派遣業が儲かるしくみを作りました。

構造改革の裏の顔──山口

二一世紀型利益誘導政治では、ルール変更という政策の背後にある、真の利害関係が見えにくい。そして、経世会型の政治家の関与がなくなると、政治がクリーンになったような錯覚に陥りました。

やがて、市場における労働力の売買を、各自の「自己責任」で引き受けさせたあとに起こる富《とみ》の集中を、問題だとは思わなくなりました。非正規雇用が増えていくのも時代の流れでしかたがないとなれば、目に見えない利益誘導という問題意識は生まれにくいのです。

私は、政治について説明する際に「リスクの社会化」という言葉を使いますが、これは失業、貧困、病気など人間が直面するリスクを社会全体で解決することです。その対極が「リスクの個人化」であり、自己責任社会です。失業も貧困も、自分の能力がないからだとするわけです。小泉政治の本質は、まさにこれです。

経世会に代表される、かつての自民党はリスクの社会化をはかっていました。これはヨーロッパ各国に見られる福祉国家とは異なり、たとえば公共事業の補助金の箇所づけや、業界への護送船団方式の行政指導のような裁量的政策などを指します。具体的には公共事業で雇用を守る、あるいは業界保護的な規制政策で小売店、地方の金融機関、バス・トラック・タクシーなど運送業を保護して雇用を守り、地域間や企業間の格差を縮小しました。

つまり、政治家の圧力と官僚の匙《さじ》加減で差配・運用する政策によってリスクを社会化して、全体として見れば「成功した社会主義」と言われる比較的平等な社会が作られました。他面では、政治の腐敗、官僚の既得権、無駄な公共事業、護送船団型の業界保護といった弊害をともなったのも事実です。

小泉首相は、そのような経世会主導の「裁量＋リスクの社会化」という政策を攻撃して、構造改革を進めました。「市場の原理」と言ってはいますが、競争のルールが公平ではなく、相変わらず、裏ではお手盛りや我田引水《がでんいんすい》で特定の人たちが得するルールを作る裁量的側面が残る小泉改革に収斂《しゅうれん》していきました。これが「構造改革」の本質です。

「自己責任」という言葉が世の中に急速に広がったのは、二〇〇四年のイラク日本人人質事件の時で、武装勢力に誘拐・拘束された日本人に向けられた言葉です。その後、弱者や政府に盾突《たてつ》く者に対する攻撃の言葉として使われ始めました。私は、「自己責任」という言葉が、リスクの個人化という政策を国民に受け入れさせるための呪文だったと見ています。

当時、私は国立大学にいたのですが、国立大学の独立法人化が急速な勢いで進められたことをよく覚えています。大学や病院など地方自治体のさまざまな行政サービスに対して、効率性や採算性などが求められ、「顧客満足度を追求せよ」とも言われましたが、肝《かん》心《じん》の財源そのものが減っていく状態でした。

そこで、政府は自治体にしても大学にしても、自分のところでカネを見つけてこい、と言ったわけです。そのためには、従来の型《かた》にはまったサービスではなく、魅力的なプロジェクトを立ち上げてカネを稼げ、という圧力が強まってきたのです。

そうすると、大学で言えば、基礎的な学問・教育をしっかりと行なうよりも、「グローバル化」などカタカナの看板がついたプロジェクトを立ち上げて、補助金や寄付金を取ってこなければいけないという、むなしい自転車操業が始まりました。

反経世会・反官僚が正義になったのは、まさに小泉首相の政治手法が成功した証《あかし》ですが、朝日新聞をはじめとするメディアも「日経（日本経済新聞）化」して政権にすり寄り、「改革」という言葉を無邪気に使い始めます。低所得者への所得移転である再分配はすべて悪、また歳出を減らすことが改革という、ものすごく単純な新自由主義的な見方を無批判に取り入れていました。

この時期からメディアがこぞって小泉路線、「小さな政府」路線を支持するようになった、大きな変化を見逃してはいけません。

押しつけられた自己責任——水野

小泉政権下、国債発行額は年三〇兆円を超えていました。そこで小泉首相は二〇〇一年、「三〇兆円以内にする」ことを宣言。任期最後の年である二〇〇六年度は二九兆九七〇〇億円と、辻褄《つじつま》合わせみたいなことをしました。

しかし、結果的に財政赤字は減っていません。「小さな政府」を掲げながらも、リーマン・ショック後に急増した歳出を、高齢化による社会保障関連費の自然増という側面はあるにせよ、それ以前の水準に戻すことをしませんでした。

歳入の基本となる税収は一九九〇年度の六〇・一兆円がピークであり、約三〇年後となる二〇一八年度は五九・一兆円（予算ベース）と、これを若干《じゃっかん》下回っています。この間、名目GDPは四五一・七兆円（一九九〇年度）から五四八・九兆円（二〇一八年度）に拡大していますから、税収の源《みなもと》である経済規模は大きくなっているにもかかわらず、税収は増えていない。つまり、「小さな政府」による財政再建とは名ばかりの政策だったのです。

山口先生のご指摘どおり、小泉政権は強者がさらに勝つルールを作っていきました。

非正規雇用を増やすということは、企業が負担していた社会保障負担を減らすということです。その分を誰も補塡《ほてん》しなければ、これはただただ非正規社員が自己責任でリスクをかぶるということになります。二〇一六年の非正規社員の平均年収は一七五・一万円ですが（国税庁「民間給与実態統計調査」より）、これでは、個人年金に入るなど、老後資金を蓄えることなど、とうてい無理です。国民年金しか入ることができません。

いっぽう、所得税の最高税率は、一九八三年まで七五%でしたが、その後は段階的に引き下げられ、一九九九年には三七%と大幅に低下しました(二〇一九年現在四五%)。

このように、二〇〇〇年代前半は、労働者側が経営者・資本家側に大敗北を喫し、「社会的弱者」「持たざる個人」となった時代と総括できます。その背景に、小泉首相・竹中平蔵が進めた新自由主義にもとづく政策があったことはまちがいありません。

第四章

新自由主義の席巻

――リーマン・ショックと格差社会

2005～2008年

●**概観**　法律で禁止されていなければ何をしてもかまわない新自由主義が、その極《きわ》みに達した時期です。二〇〇八年、アメリカの低所得者向けの住宅融資・サブプライムローンの多くが焦《こ》げつき、不良債権が世界経済をどん底に陥《おとしい》れました。いわゆる「リーマン・ショック」です。

リーマン・ショックは、日本にも大打撃を与えます。トヨタ自動車をはじめとする、輸出関連の製造業では生産調整が始まり、大量の人員削減が行なわれました。トヨタ自動車では、同年一二月の一ヵ月間で五八〇〇人もの期間工を雇《やと》い止めしました。「派遣切り」という言葉が広まり、彼らを受け入れた「年越し派遣村」が誕生しています。

いっぽうで、設備投資を控え、人件費を抑制した日本企業には内部留保が積み重なり、「企業の利益が賃金に回らない」現象が常態化します。

政治面では、小泉政権のあと、賞味期限一年の自公《じこう》短命政権が三代続きました。小泉政治の矛盾《むじゅん》を突き、「国民の生活が第一」を掲げた民主党が台頭。政権交代の足音が近づいてきました。

2005〜2008年の動き

2005年	
2月	京都議定書発効→温室効果ガスの削減目標設定
4月	中国、反日デモ拡大
7月	ロンドン中心部で同時多発テロ(イギリス)
8月	郵政解散
	ハリケーン・カトリーナ襲来(アメリカ)
9月	衆議院選挙で自民党圧勝
10月	郵政民営化法成立
	自民党、初の新憲法草案を発表
11月	メルケル、初の女性首相就任(ドイツ)
12月	セブン&アイ・ホールディングス、そごう・西武百貨店を統合
2006年	
4月	衆議院補欠選挙(千葉第7区)で民主党勝利
9月	秋篠宮ご夫妻に長男・悠仁親王誕生
	第1次安倍晋三内閣が発足
10月	地下核実験成功を発表(北朝鮮)
12月	改正教育基本法成立(愛国心などが盛り込まれる)
2007年	
1月	防衛省発足
2月	公的年金加入記録の不備が発覚
5月	国民投票法成立
7月	住宅バブル崩壊(アメリカ)→サブプライム・ショック
	参議院選挙で民主党勝利、第1党に
9月	福田康夫内閣が発足
2008年	
4月	後期高齢者医療制度開始
9月	リーマン・ブラザーズが経営破綻(アメリカ)→リーマン・ショック
	麻生太郎内閣が発足
12月	東京・日比谷に年越し派遣村設置

他人の不幸で儲《もう》ける「惨事便乗型資本主義」——水野

前章に引き続き、新自由主義について述べたいと思います。新自由主義にもとづく経済思想が、市場原理主義です。

カナダのジャーナリスト、ナオミ・クラインは二〇〇七年の著作『ショック・ドクトリン』において、市場原理主義を「惨事便乗型資本主義」という視点で読み解いています。つまり、大規模自然災害、戦争、政変などの「ショック」につけこんで、アメリカ政府とグローバル企業が利益を貪《むさぼ》っている、と。その事例としてイラク戦争、スマトラ沖地震、大型ハリケーン・カトリーナなどを挙げています。

二〇〇五年八月、アメリカ南東部を襲《おそ》ったハリケーンのカトリーナは、死者・行方不明者二五〇〇名を超える大災害をもたらしました。水害で更地《さらち》同然になったルイジアナ州ニューオーリンズの町は、それまで無数の低所得者用公営住宅が立ち並び、また多くの不法移民が土地を占拠していました。

カトリーナ来襲の翌月、著者は現地に入ります。そこには、大惨事をビジネスチャンスととらえた政治家、企業人、企業ロビイストたちが、マンション建設計画を携《たずさ》えて群《むら》がっていました。ニューオーリンズ選出の共和党下院議員は「低所得者用公営住宅がきれいさっぱり一掃できた。われわれの力ではとうてい無理だった。これぞ神の御業《みわざ》だ」と言い放ち、不動産開発業者は「このまっさらな状態は、またとないチャンス」と欣喜雀躍《きんきじやくやく》しました。ロビイストたちは州議会に働きかけて公営住宅の再建案を潰し、減税、規制緩和、低賃金労働力などを通そうと精力的に動き回っていました。

極論すれば、市場原理主義とは儲けるためには法を犯さないかぎり何をしてもよい、という思想です。しかし、法律に書かれていなければ何をしてもいいわけではないでしょう。

二〇世紀初頭、イギリスの経済学者ジョン・メイナード・ケインズが唱えたケインズ経済学（不況時には政府が公共投資などで市場経済に介入すべきとした）が本流であった頃、経済学は「モラルサイエンス」という考え方に支えられていました。

いっぽう、イギリスの経済学者ライオネル・ロビンズは、一九三二年刊行の『経済学の本質と意義』において、経済学と倫理学について「この2つの研究領域は、同一の言語平面上にはない」との理由で、「経済学は、究極的な価値判断の妥当性についてては判断できない」と主張しました。この考えが以後、近代経済学に取り入れられていきます。

その後、「経済学にモラルは必要ない」との考えが広がり、新古典派（財・サービスの価格と生産量は、消費者の限界効用〔消費量を一単位増加する時に得られる満足度〕と、生産者の限界費用〔生産量を一単位追加する際に生ずる費用〕によって決まるとした）や、その流れを汲《く》む新自由主義経済学が、さらにこの考え方を純化していったのです。

一九七〇年以降、オイル・ショックへの対応に失敗したケインズ経済学に取って代わって、新自由主義的な経済学が台頭します。イギリスの地理学者デヴィッド・ハーヴェイは二〇〇五年、その著書『新自由主義』において、「新自由主義は、市場での交換を『それ自体が倫理であり、人々のすべての行動を導く能力をもち、これまで抱かれていたすべての倫理的信念に置きかわる』ものと評価し」ていると述べています。

市場が決めたことは正しいのだから市場にもとづいて行動すればよい、と過激なまでの市場原理主義を掲げたわけです。これが、法律違反にならなければ何をしてもよい、という強欲な利益追求につながっていきました。

ケインズによれば、イギリスの資本主義は「一五八〇年にフランシス・ドレイクがスペインから略奪した財宝」から始まったという（「わが孫たちの経済的可能性」一九三〇年発表）。当時、海上では法律がなく何をしてもよい、と海賊行為が認められていました。ドレイクがスペインから奪った金銀財宝は、エリザベス一世に献上されました。それらを資金として東インド会社の株主になったエリザベス一世は、大儲けをしています。ドレイクは功績を称《たた》えられ、イギリス海軍の中将に任命されました。

法律が未整備だった一六世紀、海賊は目の前にある大洋で自由に活動しましたが、現在、新自由主義を信奉する資本家は新たに無法地帯を作り、そこで好き勝手な行動をしています。サイバー空間における仮想通貨が、その典型です。バーゼル銀行監督委員会（国際業務を行なう銀行の規制基準を協議・策定する機関）は、仮想通貨がマネーロンダリングやテロ組織の資金調達に使われる可能性を指摘しています。二〇一八年末には、金融庁は仮想通貨の呼び名を「暗号資産」に改める方針を打ち出しました。

彼らは、海賊以上に「倫理」が欠けていると思います。なぜなら、海賊は船長であろうと漕《こ》ぎ手《て》であろうと、仲間の間では利益分配は平等だったのに対し、現在の資本家は株式会社で働く従業員を仲間とはまったく思っていないからです。

郵政民営化とはなんだったのか──山口

二〇〇五年八月、小泉首相が郵政民営化の是非を問うた郵政解散選挙のさなか、カトリーナがアメリカを襲いました。私は当時、社民党の辻元清美《つじもときよみ》の応援演説で「小泉首相はなんでもアメリカのまねをしようとしているけれど、アメリカを見ろ。今ハリケーンが来ても、政府はなす術《すべ》もなく人々は放り出されている。小泉がこのまま構造改革をやったら、日本もアメリカのようになる」と述べましたが、これは当たっていましたね。

郵政民営化は小泉首相の目玉政策でしたから、本気でやるのだろうと見ていました。アメリカは一九九四年以来、「年次改革要望書」を日本に突きつけ、そのなかで、官業としての簡易保険をやめて民間保険会社に開放しろ、と言い続けてきました。アメリカ政府の背後に、アメリカ保険業界の圧力があったのです。

結局、外資系が日本に進出しやすくなっただけで、郵便局の民営化は地域のインフラを破壊し、地方疲弊に拍車をかける一因となりました。

郵政民営化法案は自民党のなかで造反が起き、参議院で否決されました。そこで衆議院を解散して、国民の選択を仰《あお》ぐというのは前代未聞です。首相の権力がこんなにも大きいということを、まざまざと見せつけました。

郵政民営化に反対した衆議院議員は選挙で公認せず、自民党内が小泉首相の新自由主義路線に純化しました。それまで、自民党という政党は政策問題でさまざまな対立や異論があっても分裂することはなく、また権力を分かち合うことが最大の存在理由であると思っていましたので、この解散と粛清《しゆくせい》は驚きでした。

小泉首相としては、郵政民営化をテーマに解散をすれば、造反派を追い出しても十分に勝てるという計算があったのでしょう。そこには、周到な世論調査とメディア戦略がありました。早速、刺客《しかく》となる女性候補を多数公認して、小泉首相の演出どおりに選挙戦を展開していきました。戦後の日本ではめずらしい、ドラマティックな選挙だったと思います。

小泉首相は、衆議院選挙で圧勝することで参議院を黙らせることを狙ったのです。案の定、選挙後は参議院も賛成に転じました。衆議院で反対した人は公認をはずされて、刺客を立てられた。その惨状を目《ま》の当たりにして、党内はイエスマンばかりになっていきました。

郵政民営化に反対して追放された代表格に綿貫民輔《わたぬきたみすけ》元衆議院議長、亀井静香らがいました。彼らのような地方出身で、旧来型の地方への面倒見のいい政治が、ここで否定されます。改革という名の下に、どんどん小さな政府を進めていく路線に純化していきました。

これは新しい現象です。自民党はそれまで、鵺《ぬえ》のような政党でした。経済界を代表する小さな政府派と、地方から上がってきた利益分配推進派の両者が存在して、バランスを取りながら政権を担ってきましたが、はじめて旗幟鮮明《きしせんめい》な政党になったのです。このことが、「郵政解散選挙」の政治的意味です。

自民党が新自由主義の旗印《はたじるし》を鮮明にしたことで、小泉政権を攻めあぐねていた民主党にとっては、対抗すべき政策の基軸がおのずと明らかになりました。新自由主義や小さな政府ではない再分配路線、社会民主主義を取るしかないことがはっきりしたのです。

民主党は二〇〇〇年代前半、政権構想と言っても、新自由主義を信奉する人たちもおり、党内はなかなかまとまりませんでした。私は当時、民主党を応援していたのですが、郵政解散選挙で負けたことはむしろ将来につながると、逆に期待をしました。

自民党では、旧・経世会は「抵抗勢力」という烙印《らくいん》を押されて意見が言えなくなり、党内における首相の求心力は高まりました。有権者に人気がある＝票を取れる総理総裁の下でイエスマンになるという体質が、この時から明確になったのです。

二〇〇五年は、小泉政権の誕生から四年経《た》った頃です。当時の自民党総裁の任期は三年（二〇〇三年までは二年）・連続二期までとされていましたから、党内では、この総選挙が小泉政権下最後の選挙になることが意識され、ポスト小泉の議論が始まっていました。

そして、安倍・麻生太郎・福田康夫《やすお》・谷垣禎一《たにがきさだかず》の四人が浮上します。安倍にしても麻生にしても右寄りでしたから、自民党は経済的には新自由主義、イデオロギー面ではナショナリズムを利用するという方向性が見えてきました。

ＲＯＥ経営――水野

時期は遡《さかのぼ》りますが、二〇〇〇年代に入ると、日本の企業社会は新自由主義に染まり、「成果主義」と「会社は誰のものか」といった論議が盛んになりました。

日本企業の多くが、アメリカ型経営の考え方を取り入れ、年功序列型賃金制度を廃止し、成果主義が導入されました。

しかし、日本の会社は課単位、部単位で活動しますから、個人の成果は計測しようがありません。営業マンの売上は目に見えますが、総務・人事など数値で表わすことができず、客観性を見出せないものもあります。客観性が乏《とぼ》しいものの査定は、それにかける労力などコストがかかります。はたして、社員は納得して働いていけるものなのだろうか、と疑問に思いましたね。

バブル崩壊後、一九九〇年代後半から「ROE（自己資本利益率）」を重視した経営が積極的に取り入れられました。ROEとは、株主の持ち分である自己資本に対する、純利益の比率のことです。ROEが高いほど、効率的に利益を稼いでいることになり、経営者の評価の基準にされています。つまり、株主重視の経営指標です。

二〇一四年、このROEに政府がお墨付《すみつ》きを与えます。経済産業省（以下、経産省）のプロジェクトが公表した報告書に「ROE八%目標」が掲げられたのです。座長を務めた一橋大学大学院の伊藤邦雄《いとうくにお》教授が旗振り役となったことから「伊藤レポート」と呼ばれ、クローズアップされました。

二〇一七年、日本企業の平均ROE（日本経済新聞による東証一部上場企業の集計。ただし金融機関を除く）は一〇・一％となり、一九八二年以降ではじめて一〇％の壁を突破しました（「日本経済新聞」二〇一八年三月一四日）。旗が振られた当時は五・三％でしたから、倍増したことになります。しかし、それでも、アメリカの主要企業の約一四％、ヨーロッパの一〇％（同記事）に比べれば低いため、政府や資本家は日本の経営者にもっと利益を稼げと発破をかけています。

日本企業も欧米企業並みになったわけですが、けっして良い傾向だとは思いません。なぜなら、ＲＯＥは、利益を増やすか自己資本を減らせば高まります。そこで何が起きるかというと、安易な人件費圧縮やリストラです。ＲＯＥ経営は、働く者の生活を苦しめるだけなのです。

会社は誰のものか――水野

「会社は株主のもの」という考え方は、リーマン・ショック（後述）以後に否定されたと私は思っています。

企業は二〇〇〇年代以降、短期的利益の追求、売上や利益の拡大、市場価値向上と市場原理主義に振り回され、挙《あ》げ句《く》に人員整理、コスト削減、賃金カット、株価下落で従業員と株主に打撃を与えました。経営者も従業員も、そして株主までもが「会社は誰のものか」を考えざるをえなくなったのです。

そもそも、「会社は株主のもの」というのは、根本的におかしいと思います。総体として見た「日本株式会社」の自己資本比率は、二〇一七年度で四一・七％です（財務省「法人企業統計年報」）。「日本株式会社」とは、財務省が「法人企業統計年報」で調査対象とする二七九万社（金融機関を除く）の集計値をひとつの会社と見なすということです。

負債と自己資本を合わせた総資本（貸方《かしかた》）＝総資産（借方《かりかた》）であって、利潤を生み出すのは工場や店舗など総資産です。企業のバランスシートの貸方には、おカネをどういう形態で調達したかを表わしており、借方は利益を生み出す資産をどのような形態で保有しているかを表わしています。したがって利益は、銀行借入などの負債（およそ六割）と、株主が拠出した資本（四割）とが混然一体となって生まれているのです。

株式会社では、資金を供出した株主に配当し、銀行などの債権者に対しては利払いをする。このように、経済活動には利潤と利息がついて回ります。それは、従業員の労働と資本（工場や店舗など）が一体化して生み出した付加価値から出ています。

ですから、「会社は誰のものか」と言えば、少なくとも株主、債権者、従業員のものと言えます。さらに、銀行の後ろには預金者がいます。預金者の多くは国民ですから、「日本株式会社」は国民のもの、と言ってよいのではないでしょうか。

サブプライム・ショックと世界同時株安——水野

二〇〇七年に、「サブプライム・ショック」が起きます。これは、アメリカにおける超低金利を前提にした住宅ローンであるサブプライムローンの破綻がきっかけでした。

「プライム」は高所得者・優良層と言うより、過去に延滞がない信用力のある人たちのことで、「サブ」は「下位」を意味しますから、「サブプライム」とは信用力の低い、すなわち過去に返済遅延などがあった人たちを言います。

アメリカは二〇〇〇年のインテル・ショックのあと、二〇〇一年の金融緩和によって好景気に変わりました。そして二〇〇三年後半から二〇〇五年にかけて、金融緩和による稀《まれ》に見る低金利が住宅ブームを引き起こし、住宅価格が上昇。折から、貸付を増やしてきた金融機関は、サブプライムローンを積極的に手がけるのです。

サブプライムローンは通常の住宅ローンより審査基準がゆるく、貸付利率が高くなっています。審査は最短で一〇秒ほど。借り手が自己申告したデータをパソコンに入力すれば、自動的に融資判断するプログラムが開発され、大量の借り手を容易に獲得できるようになっていました。

金融機関は通常、信用力の低い人には安価で小ぶりの家をすすめますが、サブプライムローンでは大きな家をすすめました。アメリカでは住宅地の価格は家付きで決まるため、小さな家では担保価値が低いからです。

そして、「通常より利率が高いといっても、そもそも超低金利だから利払いは少ないですよ」「最初の三年間は元本《がんぽん》据え置きです」など甘い言葉を並べます。そうはいっても、低所得者には大きな家を買うのは心配です。金融機関は、住宅価格が上昇傾向にあるから大丈夫と、その証明としてグラフで示します。確かに、住宅バブルで価格は上昇していました。

さらに、「四年目になって元本が払えなくなっても、新たな借り入れができます」「売却すればローンが一括返済できるだけでなく、売却益が出ますから儲かります」と巧みな話術で、利用者を住宅価格は確実に上がるという錯覚に陥《おとしい》れ、高額のローンを組ませるのです。

アメリカでは当時、住宅ローンの証券化が普及していました。サブプライムローンも証券化され、その金融商品は世界各国の投資会社や銀行などに広く購入されていました。

結局、景気が過熱してきたため、ＦＲＢは四年半続いた利下げから二〇〇四年六月に金利引き上げに転じました。サブプライムローンの利用者は変動金利で借りていますから、この影響をもろに受けます。元本を返すどころか、利息さえも払えなくなってしまいました。ここで、住宅バブルが弾けるのです。

資金繰《ぐ》りが悪化したローン会社に対する信用不安は広がっていき、サブプライムローンの不良債権化がどんどん進みました。そして、同証券を運用していた欧米の大手銀行やヘッジファンドが、次々と経営危機に陥ります。損失を被《こうむ》った金融機関は、資金調達の目的から株式をいっせいに売却したため、世界的な株価の暴落を招くのです（世界同時株安）。

サブプライムローンは、住宅価格が上昇し続けることで成り立っていました。このサブプライムローンが焦げつくと、それを大量に保有していた全米第五位の投資銀行リーマン・ブラザーズが破綻に追い込まれ、いわゆる二〇〇八年九月一五日の「リーマン・ショック」につながっていきました。

金融核兵器――水野

サブプライム・ショックは意図的に作られたショック、言わば「ショック・ドクトリン」だと、私は見ています。

サブプライムローンの拡大には、CDS（クレジット・デフォルト・スワップ）の存在があります。これは、「債権」の焦げつきリスクに備える一種の保険で、五年物・一〇年物などの金融商品です。債権に対して一定の保証料を支払えば、債権がその期間内にデフォルト（債務不履行）に陥ると、損失が補塡してもらえるしくみです。一〇〇万円で一〇年物の債券なら、保証料としてたとえば二万円（一％未満〜数％）を一〇年間払い続けます。一〇年以内にデフォルトすると、一〇〇万円をまるまる手にすることができます。

一般的に、ＣＤＳは債権者がリスク低減のために購入しますが、債権者以外も買うことができます。損失補塡は、ＣＤＳの発行元が負います。このことが、リーマン・ショックを引き起こす要因となったのです。

当初、投資銀行が機関投資家などにＣＤＳを売りつけていましたが、ＣＤＳ販売の権利も、別の金融機関に売るようになります。権利の購入者は、デフォルトがあれば保障しなければなりませんが、満期までデフォルトがなければ、まるまる保証金を受け取ることができます。そこから、さらに権利の転売が繰り返されました。リーマン・ショックの震源地となった投資銀行リーマン・ブラザーズも、ＣＤＳの販売権利を転売で購入していました。

ＣＤＳを最初に手がけた投資銀行は、ＣＤＳを高格付けの保険商品になるよう考案します。高格付けに化けたＣＤＳは焦げつくはずがないからと、その保証を引き受けて保証料で稼ごうという投資家たちに、「ＣＤＳの保証」を引き受けさせてしまいます。そして、サブプライムローンが破綻したことで、世界中の金融機関がＣＤＳの保証を迫られ甚大《じんだい》な打撃を受けたのです。

ＣＤＳが開発されたのは、一九九〇年代後半のこと。当時、著名な投資家ウォーレン・バフェットはＣＤＳを「金融核兵器」と言い、「爆発する」と警告していました。事実、リーマン・ショックとなって大爆発しました。

人々を大惨事に追い込んでまで利益を追求したショックは「大惨事便乗型」と言うよりも、「大惨事誘発型」と言ったほうが適切だと思います。意図的にショックの引き金を引いて先回りし、儲けに儲けて逃げ去ったのですから。

リーマン・ショックで儲けた人たち――水野

二〇〇八年九月一五日、アメリカ・ウォール街屈指の投資銀行のリーマン・ブラザーズがサブプライムローンの巨額損失によって、アメリカ史上最大の経営破綻をしました。

当時、欧米の金融機関のなかで、もっとも多額の不良債権を抱えていたのがリーマン・ブラザーズでした。同社の破綻に端を発し、連鎖的に世界規模の金融危機が発生します。これが「リーマン・ショック」です。

今から考えると、その兆候はありました。まず二〇〇六年、イギリス最大規模の金融機関ＨＳＢＣが、一兆円というとんでもない金額で不良債権処理をしています。当時、アメリカでは住宅バブルのさなかでしたので、世界中が驚きに包まれました。これは、いわゆる「損切り」で、早めに切り捨てたということでしょう。ＨＳＢＣのネットワーク、分析力の凄さを物語っています。

さらに二〇〇七年、「パリバ・ショック」が世界のマーケットを大きく揺るがせました。フランスのパリに本拠を置く、世界有数の金融グループであるＢＮＰパリバが、傘下のファンドを凍結したため、サブプライムローン関連の商品に買い手がつかず、欧米の投資家が動揺し、信用不安が広がったのです。

では、アメリカのサブプライム層が借金のカタに手放した大きな家はどうなったか。

適正値を突き抜けて値を下げるのが、バブル崩壊の特徴ですが、これを熟知する富裕層が、格安になった大きな家を買い漁《あさ》ります。彼らは地価が上がってきたところで売却して、ひと儲けしました。一〇〇だった価格がリーマン・ショックで一〇になり、それが三〇くらいに値上がりしたところで売るような感じです。一〇〇のものが三〇〇になるのはありえませんが、一〇〇のものがいったん一〇に下がって三〇になるのは容易で、三倍の利益が出ます。もちろん五に下がるリスクもありますが、その程度なら富裕層は持ちこたえられます。

この現実を見ると、サブプライム層に大きな家を買わせるというのも、意図的な仕掛けに見えてきてしまいます。勘繰《かんぐ》りすぎ、かもしれませんが。

トヨタ自動車に走った激震――水野

グリーンスパン元FRB議長が「一〇〇年に一度の危機」と言うリーマン・ショックは、世界中の金融機関を凍《こお》りつかせました。次はどこが倒産するかわからないため疑心暗鬼《ぎしんあんき》となり、金融機関相互の貸し借りが回収されます。回収された金融機関は、貸し渋りをせざるをえなくなります。こうして、世界中でカネが回らなくなったのです。

日本も大きな打撃を受けました。二〇〇八年末、トヨタ自動車に激震が走ります。翌二〇〇九年三月期が営業赤字に陥る見通しになったからです。ちなみに、前期は二・二兆円の営業黒字でした。リーマン・ショックから一カ月後、アメリカで自動車ローンを手がける子会社の資金繰りがつかなくなります。高金利でも貸し出しに応じる銀行はなく、市場調達が八方塞《ふさ》がりになったのです。トヨタ自動車は最終的には苦境を乗り越えますが、当時、経営陣の脳裏には「倒産」の二文字がよぎったそうです（「朝日新聞」二〇一七年一一月一二日）。

一九九〇年代の金融危機、そしてリーマン・ショックの経験から、トヨタ自動車は内部留保を潤沢《じゅんたく》にして不意の危機に備えるようになります。その額は、リーマン・ショック前の二倍以上です（同記事）。

トヨタ自動車だけではなく、日本企業全体が内部留保を積み上げていきます。昭和の時代なら、企業が儲かれば従業員の賃金も上がりました。ところが、小泉政権下から続く「企業の利益が賃金に回らず」という現象が、この頃から企業社会で常態化していくのです。

好況を呈していた輸出も一転して、窮地に追い込まれました。日本の輸出はアメリカ依存です。アメリカは、サブプライム層が大きな家を買うほど、空前絶後の住宅ブームに沸いていました。大きな家を買えば、大きなテレビ、新しい車が欲しくなります。日本から電化製品、自動車がどんどん輸出されていました。それがリーマン・ショックで、瞬時にして止まってしまったのです。

　自動車産業では二〇〇八年冬から二〇〇九年初頭にかけて、トヨタ自動車が五八〇〇人の期間従業員を、日産自動車が二〇〇〇人の期間従業員を、ホンダが四三〇〇人の期間従業員を、スズキが派遣社員八五〇人・期間従業員一一〇人を削減しました（「東洋経済オンライン」二〇〇九年二月一六日）。これらはメディアを通じて一般の注目を集め、「派遣切り」という言葉が広まりました。

　二〇〇八年末には東京・日比谷《ひびや》公園に、雇い止めで行き場を失った労働者を受け入れる「年越し派遣村」が出現しました。リーマン・ショック前までは、大手製造業は社宅や寮を用意して、期間工や派遣社員を確保していました。バブルの時は人手不足になり、バブルが弾けると余剰になります。これから起こるであろう移民問題と同じで、都合が悪くなったらやめてもらう。つまり、彼らを調整弁に使ったわけです。

　大量の調整弁が生まれたのは、前章で述べた、小泉政権下で製造業における派遣労働を解禁したことが大きい。最初はタイピストと通訳だけでしたが、最後はファイリング業務（書類などの保管・整理）まで解禁されました。つまり、全員が派遣社員に置き換えられる対象になったのです。

中国が防いだ世界大恐慌――水野

リーマン・ショックから約二カ月後、中国政府は金融危機対策として、総額四兆元《げん》（当時の為替レートで約五七兆円）に上る、大規模な公共投資に踏み切りました。

これにより、アメリカは二〇〇七年一二月から二〇〇九年六月までの一八カ月間という比較的短期間で、不況期を脱します（全米経済研究所公表）。中国が景気対策を打っていなければ、さらに深い爪痕《つめあと》を残していたでしょう。

日本の実質GDP成長率も、二〇〇八年一〇－一二月期に前期比で九・二％減（年率換算）、二〇〇九年一－三月期で一七・九％減（同）と、わずか半年間で三五・四兆円も減少（同）したのです。半年だったのでなんとかなりましたが、これが一年間続いていたら大変なことになっていたでしょう。

通常、深刻な不況は三年続くと言われています。リーマン・ショックが三年間続いていたら、まちがいなく世界大恐慌になっていたはずです。

一九九七年、タイを中心に始まったアジア各国の急激な通貨下落現象、いわゆる「アジア通貨危機」が起きて、東アジア・東南アジアの各国経済に大きな影響をおよぼしました。その際、中国だけは「元」を固定相場で保ちました。欧米資本は政情不安な東南アジアから避難し、中国に向かいました。その結果、中国は世界の工場となっていったのです。

二〇〇六年、中国ではインフレと株式・不動産など資産バブルが起きます。中国政府はバブル崩壊を警戒して、二〇〇七年に強烈な金融引き締めを行ないました。そのためにリーマン・ショック直前、経済は陰《かげ》り出していました。

ここに、四兆元の公共投資が行なわれたため、国内景気へのカンフル剤になり、これを機にV字回復します。そして、景気対策が終わる二〇一〇年には日本を抜き、世界二位の経済大国に躍り出るのです。

小沢一郎が取った社会民主主義路線――山口

話を政治に戻しますと、二〇〇五年の郵政選挙で自民党が圧勝。政権交代が遠ざかった感もあったのですが、小泉政権の末期から、政治の空気はかなり変わっていました。

民主党は郵政選挙で敗北すると、岡田克也《おかだかつや》代表（党首）が辞任します。新しく代表に就《つ》いたのが前原誠司《まえはらせいじ》ですが、彼の政治的能力は高いとは言えません。案の定、小泉自民党に対抗する戦略を何も打ち出すことができませんでした。

二〇〇六年、「偽メール事件」が起こります。武部勤《たけべつとむ》自民党幹事長の金銭疑惑を示す怪文書を、民主党議員が国会で追及しますが、それが捏造《ねつぞう》であることがわかると議員は辞職し、前原代表は辞任に追い込まれました。

次に、小沢が代表に就任すると、政治状況は一変します。同年四月、衆議院の千葉七区で補欠選挙があり、小沢に近い当時二六歳の太田和美《おおたかずみ》が新人候補として立ち、自民党の斎《さい》藤健《とうけん》（二〇一七～二〇一八年に農林水産大臣）を破ったことで、「選挙の小沢」の神話が復活するのです。

選挙参謀として小沢が採ったのが、いわゆる「川上《かわかみ》戦術」です。千葉七区は千葉県北部の野田《のだ》市・流山《ながれやま》市・松戸《まつど》市（一部）ですが、遊説を農村地帯から始めてだんだん下っていき、人口がもっとも多い都市部で終える選挙戦を展開したわけです。ちなみに、農村地帯では、ビールケースの上に立って演説する手法が受けたようです。

この時の太田のスローガンが「負け組ゼロ」。格差・貧困問題をキャッチして、小泉政治の陰で広がる矛盾を突いていました。民主党はようやく、小泉亜流ではなく小泉・自民党の逆張りで勝利を収めたのです。

その後、民主党は新路線の選定に入るのですが、当時、私は小沢代表と親しく、日本的な社会民主主義路線を打ち出すことをすすめました。民主党は新たに「国民の生活が第一」をスローガンに、子ども手当や農家戸別補償など、要するに国民にキャッシュを給付して生活を支えていく路線を鮮明にしていきます。

二〇〇七年七月、民主党は参議院選挙で圧勝し、ねじれ国会となります。参議院で与野党逆転を実現したことで、政権交代への道が急速に開けてきたのです。いっぽう、自民党は安倍政権が倒れ、福田康夫、麻生太郎と短命政権が続きました。

小泉首相は確かに人気がありましたが、政権末期には、人々の生活は苦しくなったという実感が、特に地方で広がっていました。世論も、ワーキングプアや格差社会に目を向けるなど変化していました。まさに政権交代前夜、という雰囲気でした。

小泉政治の矛盾を批判することによって政権への道を開いたという意味では、野党・民主党はこの時期、正しい路線を歩んだと思います。

二〇〇〇年代の民主党は、都市部のホワイトカラー志向があり、支持基盤は狭いものでした。しかし、小沢が代表になると、労組の連合を重視し、農村部でも勝てるようになり、支持基盤が広がっていきました。

第五章

「神話」の崩壊

——政権交代と東日本大震災

2009～2011年

●概観　二〇〇九年九月、国民待望の政権交代が起こり、民主党、社民党、国民新党からなる連立政権・鳩山由紀夫《はとやまゆきお》内閣が誕生します。同年、アメリカでは、初のアフリカ系であるバラク・オバマが大統領に就任しています。

日米ともに、リーマン・ショックからの救済に期待が高まりました。しかし、日本では新政権発足前に、株価がバブル崩壊後最安値を更新するなど、経済は瀕死《ひんし》の状態に陥ります。製造業は大打撃を受けたまま、トヨタ自動車が七一年ぶり赤字に転落。特に、電機産業は壊滅的で、ソニー、パナソニック、シャープ、日立製作所などの大手企業が軒並み経営を傾けました。

二〇一一年三月一一日、東日本大震災が起こります。多くの国民が、国土が壊れることを恐怖に駆られながら実感しました。津波が福島第一原子力発電所の大事故を引き起こすと、原子力発電所（以下、原発）の安全神話が崩壊しました。

リーマン・ショックと原発事故は、この国に潜在する大きな問題を警告しました。それが、日本経済および財政の破綻です。

2009～2011年の動き

2009年	
1月	バラク・オバマ大統領就任（アメリカ）
3月	日経平均株価がバブル後最安値を更新（7054円）
5月	トヨタが71年ぶりの営業赤字を発表
8月	裁判員制度による初の刑事裁判
	衆議院選挙で民主党大勝→政権交代
9月	消費者庁発足
	鳩山由紀夫内閣が発足
11月	行政刷新会議が「事業仕分け」開始
2010年	
1月	社会保険庁が廃止され、日本年金機構発足
	日本航空が経営破綻
5月	社民党、連立政権から離脱
6月	菅直人内閣発足
9月	尖閣諸島沖で中国漁船が海上保安庁巡視船に衝突、中国人船長を逮捕
12月	日本のＧＤＰが中国に抜かれ、３位に
2011年	
1月	ジャスミン革命（チュニジア）
3月	東日本大震災
	福島第一原発１号機が爆発
9月	野田佳彦内閣が発足
10月	１ドル＝75.78円の史上最高値を更新（円高）
11月	野田首相、ＴＰＰ参加意向を表明
	大阪市長・府知事同日選挙→橋下徹市長、松井一郎府知事に

オバマ大統領の就任演説に隠された意図――山口

二〇〇九年七月、麻生太郎首相は衆議院を解散。翌月の衆議院選挙では民主党が単独過半数を確保、ついに政権交代が起こります。

先立つ一月、アメリカ大統領にバラク・オバマが就任します。オバマがアフリカ系としてはじめて大統領になったことは、時代の変化を象徴する出来事です。前任者のジョージ・W・ブッシュ大統領の八年間は、同時多発テロを受けてアフガニスタン侵攻、イラク戦争などがあり、彼には早く退場してほしいという雰囲気が世界中に充満していました。

オバマの就任演説を聞いて、私はすごく慎重だなあと感じました。彼は、一気にすべてを変えるというより、皆で力を合わせてすこしずつ変えていこうと訴えていました。日本の民主党政権との対比で言えば、「期待水準をコントロールする」という意識がはっきり表われていた演説でした。

オバマ政権にとって最初の課題は、リーマン・ショックの後始末をする経済政策であることは明らかでしたから、それには超党派的な取り組みが必要とされる事情もあったのかもしれません。

小沢逮捕と民主党の選挙戦術――山口

政権交代を遡《さかのぼ》ること半年前の二〇〇九年三月、小沢一郎民主党代表の公設秘書が、準大手ゼネコン・西松建設をめぐる違法政治献金事件で逮捕されます。民主党内は動揺し、小沢は代表を辞任しました。

小泉首相辞任後の自民党は、一年ごとに首相が交代する不安定さを露呈しており、これではダメだという雰囲気が広がっていました。保守層を含めて、ここは一回政権交代したほうがいいという感覚は、かなり一般的でした。このままいけば、小沢民主党政権が生まれる可能性はかなり高かった。そこに、この事件が起きたのです。

献金問題がどの程度悪質だったのか、検察が政治的意図を持って起訴に持ち込んだのか、これらは検証のしようがありませんが、もし小沢が首相になっていたら、もちろんそれは良い面・悪い面の両方があるでしょうが、政権はまったく違うものになっていたでしょう。

何しろ権力の使い方をわかっている政治家ですから、少なくとも三年後の民主党の分裂は避けられたと思います。中央省庁など、官僚制度に大きく手を突っ込んだ可能性もあります。悪い面では、強引に進める政治家ですから、予期せざるトラブルが起こっていたかもしれません。

八月の衆議院選挙の特徴は、前回の熱狂に包まれて行なわれた郵政解散選挙よりも、投票率が高かったことです。約六九％超という投票率は、それだけ多くの人が期待したことを表わしています。比例における自民党の得票も多く、その後の自民党が勝った二〇一二年、二〇一四年を上回っています。それをはるかに上回る民主党の得票があったわけです。それだけ、国民の選択がはっきりしていたのです。

自民党と公明党が選挙協力をすれば、大きな基礎票により、ともに戦いを有利に運べます。民主党がそれを上回るには、投票率を上げて、いわゆる無党派層の票を取り込まなければ勝てないのは自明《じめい》の理《り》です。二〇〇九年の総選挙は、それが成功したのです。

私も選挙の応援に走り回っていて、人の集まり方がそれまでとは全然違うので本当にびっくりしました。街頭で演説すると、たちどころに人がたくさん集まってくるのです。

この背景には安倍晋三、福田康夫、麻生太郎の短命政権下、それまでの小泉政治のトリックがバレてきて、その矛盾に多くの国民が目を向けるようになってきたことがあると思います。さらにリーマン・ショックが起こり、民主党が掲げた「国民の生活が第一」「命を大切にする政治」というスローガンに、人々は期待を寄せたのです。

なぜ民主党政権は失敗したか――山口

一九九三年に成立した細川政権は、選挙後に連立の枠組《わくぐ》みを決めたのであり、選挙時は誰が首相になるかはわかりませんでした。政治改革、選挙制度改革を行なうための連立政権という性格がはっきりしており、世の中を変えるという国民の期待はそれほど大きくはありませんでした。しかも、七党一会派という不安定なイメージもありました。

対して二〇〇九年は、連立ではありますが、圧倒的に民主党が多数を占め、そこに社民党と国民新党がくっつく感じで、基本的には民主党が政権を担う構図です。また、世の中を変えるという国民の期待感は、はるかに大きなものがありました。

首相に就いた鳩山由紀夫という政治家はインテリで、基本的には人がいい。演説が上手だし、信用できる人です。しかし、人がいいことは、政治の世界ではけっしていいことではないことを痛感させられました。もうすこしずるいところがなければいけないし、官僚をはじめとして、人の使い方が下手だったと思います。
そこが、党内が不安定なまま、自民党へ政権が戻っていった要因のひとつです。

民主党政権が最初に成果を上げたのは、生活保護の拡充です。自民党政権時代、生活保護費を減らして母子家庭に対する加算を廃止したことで、シングルマザーが困窮していたため、そこに最初手をつけたのです。他にも子ども手当、高校授業料の無償化などに新機軸がありました。

しかし、事業仕分けは歳出を削減するものですから、政府の政策で行なうことではありません。何よりも、小さい政府を目指す新自由主義の発想につながります。

このように、民主党政権の根本的欠陥は、思想的な基軸がなかったことです。スローガン「国民の生活が第一」のように、社会民主主義的な思想を軸にすべきでした。何か、人気が取れればなんでもやる、といった感がありましたね。

民主党の選挙マニフェストの財源は一六兆八〇〇〇億円。行政の無駄を省《はぶ》けば捻出《ねんしゅつ》できるということでしたが、そう簡単にはできません。かなりの希望的観測でマニフェストは作られたのでしょう。

そもそも民主党のマニフェストは、通信販売のカタログのようなもので、有権者が注文したものを、本当に実現できるかどうかが問われます。しかし、財源が足りないこともあれば、世の中の変化もあります。全部が全部、実現することは不可能です。言うなれば、失敗を運命づけられた発想なのです。

最初に掲げた公約がそのまま実現できないというのは、政治の世界ではあたりまえのことです。さまざまな項目のなかで、これはすぐに着手する、これは先送りするということを議論し、国民に説明して納得してもらうことが政治なのですが、パーッと大風呂敷を広げて、あれもやるこれもやると言って、結局、国民の高い期待を裏切った結果になりました。

オバマ大統領と違い、国民の期待水準をコントロールするという発想が、民主党にはまったくなかったのです。

最初の大きな失敗は、沖縄・普天間《ふてんま》の米軍基地移設問題です。なぜ、鳩山首相が「最低でも県外」と言ったのか、どこまで検討して言ったのかはわかりません。おそらく、具体的な案はなかったのでしょう。彼はお人好しだから、沖縄に遊説に行き、沖縄の人たちの声を聞いて、つい「県外」と言ってしまったのではないか。

しかし、これは首相の暴走の一語に尽きます。党内での論議も経《へ》ず、また連立を組む社民党、国民新党の党首にも話を通さずに公言してしまうのですから、稚拙《ちせつ》な政権運営と言わざるをえない。ちなみに、現在の自公政権は、内閣提出法案を国会上程前に自公両党に下ろし、事前協議に付しています。これは政治としてあたりまえのことです。


日米安保は、戦後日本の「国体《こくたい》」である——山口

普天間基地移設問題が紛糾しているさなかの二〇一〇年二月初旬、私は当時のジョン・ルース駐日アメリカ大使と長時間話をする機会を得ました。

ルース大使は「新しく選ばれた政権も、前の政権が外国と結んだ約束を実行しなければならないと、われわれは言おうと思えば言えたが、そうは言わなかった。日本は民主主義の国であり、国民が選んだ政府が新しい提案を持ってくるなら、それもあるだろう。ボールは日本の側にある」と言っていました。

実は、日本政府は米軍基地の県外移設について、一度もアメリカに提案をしたことはありません。県外移設は、アメリカに拒絶されたのではなく、それ以前の段階で潰されました。

日本政府が「選挙で新しい民意が示され、基地建設計画を取り巻く環境が変わった」とアメリカ政府に言えば、実現されるかは別として、話し合いはできたはずです。話し合いから新たな解《かい》を見つけるのが、政治の妙だと思うのです。しかし、それをしなかった。いや、できなかった。外務省の官僚が、案を持って行ってアメリカと話し合いをするのではなく、案を持って行くとアメリカは嫌な顔をするだろう、アメリカに怒られるだろうと忖《そん》度《たく》をして、案を作らせなかったからです。

日米安保は戦後の日本にとって、「国体《こくたい》」なのです。それは、神聖にして侵《おか》すべからず。鳩山政権は、その壁にぶつかって崩壊していきました。

日米安保を見直すとなれば、相当大がかりな話になります。鳩山首相は日米安保体制の見直しや東アジア共同体など、外交に対して意欲的で大胆な発言をしていました。いっぽう、「最低でも県外」を裏づける戦略があったかというと、きちんと議論した形跡がありません。

民主党のなかには、自民党政権時代を変えたい人は、鳩山首相以外にもいました。しかし、何からどの順番で手をつけて変えていくのかといった、全体的な工程表を掌握する人がいなかった。これも、民主党政権の失敗の大きな要因でした。

日本株式会社・倒産の危機——水野

世論は政権交代で沸いていましたが、日本経済はすっかり冷え込んでいました。リーマン・ショックの直撃を、世界で日本がもっとも大きく受けたからです。実質GDPは二〇〇八年一－三月期をピークに四・四半期連続でマイナス成長を記録し、二〇〇九年一－三月期にはピークから四四・〇兆円も減少して（下落率は八・七％）、先進国で最大の落ち込みを示しました。

しかし、日本の金融機関が受けたサブプライムローンの不良債権の被害は、それほど大きなものではありませんでした。不況の最大の原因は、トヨタ自動車の創業以来七一年ぶりの赤字に象徴されるように（二〇〇九年三月期、最終損益で四三六九億円の赤字）、自動車輸出がストップしたことです。バブル期以降、日本は北米向けに高級車を中心に輸出が増加していました。その売上が、あたかも瞬間蒸発したかのような事態が生じたのです。

新政権発足の半年前、株価がバブル後最安値（七〇五四円）をつけていますが、株価の最安値と、トヨタ自動車の赤字はワンセットになっています。対米依存度、輸出比率が高い企業は大打撃を受けました。トヨタ自動車でさえ、資金繰りに窮《きゅう》したのです。

そして、決済は手形《てがた》や売掛金《うりかけきん》から、現金払いになりました。ところが、現金が必要なのに、銀行は貸し渋り、多くの企業が悲鳴を上げました。まさに、日本株式会社が倒産するのではないか、という逼迫《ひっぱく》した状況になっていたのです。

「日本株式会社」の最終利益が赤字になれば、倒産の危機と言えます。「日本株式会社」の最終利益が赤字となったのは、大蔵省が「法人企業統計年報」の調査を開始した一九六〇年以降、二回しかありません。一回目は、拓銀の経営破綻、山一證券の自主廃業に端を発した金融危機の一九九八年度で、日本株式会社は五三三三億円の最終赤字でした。金融危機において最大の打撃を受けたのは不動産業（一・二八兆円の最終赤字）、次《つ》いで小売業（同一・一〇兆円）でした。

二回目は二〇〇一年度で、四六五六億円の赤字でした。ＩＴバブル崩壊の翌年で、同じく赤字になっています。この時はネットバブル崩壊だったので、電気機械器具産業（二〇〇一年度の最終赤字は一・九七兆円）、次いで小売業（同一・〇二兆円）が大きな打撃を受け、大規模リストラを実施しました。

二〇〇九年度は、日本株式会社は赤字に陥ることは回避できたのですが、日本経済の虎《とら》の子《こ》とも言うべき自動車産業が七六〇一億円の赤字となったのです。しかも、その中心に位置するトヨタ自動車でさえも赤字に追い込まれています。このように、平成に入って三回、日本企業は危機的状況に陥ったのです。

自動車産業は日本の生命線――水野

二〇〇八年のリーマン・ショックの前までは、貿易黒字の稼《かせ》ぎ頭《がしら》は自動車産業と電機産業で、三番手に一般機械産業が続き、これら三大機械産業が日本の貿易黒字に貢献していました。簡単に言えば、機械産業の輸出で、原油と食料品の輸入を全部賄《まかな》い、お釣りが出て、これが貿易黒字となっていたのです。鉄鋼、化学など他の輸出産業は、合わせれば収支トントンというところです。

明治維新以降の近代化とは、一言で言えば機械化のことです。機械を使っての大量生産・大量輸送が可能になって、日本は豊かになりました。機械産業が生産性を向上させ、日本人の生活水準を上げる土台を作ったのです。

その機械産業がリーマン・ショックの荒波をかぶり、日本経済を底冷《そこび》えさせました。その後、東日本大震災などの逆境があったものの、自動車産業と一般機械産業は貿易黒字を稼ぎ出すまでに回復します。特に、トヨタ自動車のV字回復をはじめ、自動車産業の復調には目覚《めざ》ましいものがありました。

ところが、電機産業はリーマン・ショックで壊滅的な打撃を受けたまま復活せず、日本の三大産業の一角が崩れたのです。

電機産業ではリーマン・ショック以前から、経営危機に直面していた大手企業が少なからずありました。ソニーは金融危機のさなか、一九九九年に大規模なリストラを行ない、以降二〇一五年まで数次にわたり、七万人以上の人員削減をしています。パナソニックもリストラを断行し、OBに企業年金カットを訴える手紙を送付していました。液晶テレビの販売で好調だったシャープは、液晶事業への行きすぎた設備投資で経営危機を招き、二〇一六年に台湾企業・鴻海《ホンハイ》の傘下に入っています。

このような状態で、リーマン・ショックが追い打ちとなり、惨状が拡大されていったのです。リーマン・ショック後には、日立製作所が国内製造業で最悪の赤字を計上します。二〇一九年現在、日本の電機産業はサムスンなど韓国企業や、中国企業の後塵《こうじん》を拝しています。

ここで、機械化と原油の関係について簡単に説明します。機械を動かすにはエネルギー、つまり石油が必要です。エネルギーを消費して機械を動かし、工業製品を作ります。資源のない日本にとってエネルギーはコストですから、原油が安いと近代化＝機械化は成功しやすくなります。日本は戦後、一九七三年の第一次オイル・ショック以前の一バレル（約一五九ℓ）＝二～三ドルという有利な条件で機械化を完了しており、これが現在に続く繁栄をもたらしました。

いっぽう、現在の新興国は、一バレル＝五〇～六〇ドルで機械化しなければならないので、相当大変です。技術革新はもちろん、人件費の圧縮や環境問題など多くの難問を解決しなければなりません。

原油はドル決済ですから、アメリカ以外の国はドルを調達する必要があります。ドルの調達は借り入れをしないかぎり、貿易で黒字を出さなければなりません。産油国でもないかぎり、機械化して稼ぐしかないのです。そして、機械産業が生産性を上げて大量のモノを作り、輸出して稼ぐ。国として貿易黒字を出し続けていけば、自国通貨は強くなり、生活水準も上がっていきます。

現在の日本経済はリーマン・ショックで地盤沈下し、自動車産業にいっそう頼らざるをえなくなっています。自動車産業がこけると、貿易黒字が消えてしまいます。すると、日本全体で払う化石燃料（石炭、石油、天然ガスなど過去の動植物の遺骸《いがい》が変質した燃料）の輸入代金（二〇一八年で一九・三兆円、過去最大は二〇一四年の二七・七兆円）分のドルを、自動車産業以外で調達しなければならなくなります。

それができないと、日本はその負担で財政破綻の道をまっしぐらとなり、ＩＭＦの管理下に置かれかねません。まさに、自動車産業は日本の生命線なのです。

わずか一〇年の間に金融危機、ＩＴバブル崩壊、リーマン・ショックが日本を襲い、日本株式会社は三度も倒産しかけました。これによって、近代化に成功した土台が半分崩壊したと、私は見ています。

「脱官僚」を標榜しながらも、官僚の操《あやつ》り人形――山口

鳩山首相が普天間基地の県外移設を断念し、政権を投げ出したことで、民主党政権は不安定になっていきます。あとを継いだ菅直人首相グループと、鳩山首相に比較的近かった小沢一郎グループの二つに民主党が割れます。

二〇一〇年七月の参議院選挙では、菅首相が突然、消費税増税を言い出して、民主党は敗北します。ここから、民主党政権はおかしくなっていきました。そもそも、なぜ選挙の時に、消費税増税を公約にしたのか。消費税増税を掲げて何度も選挙に敗北した自民党の失敗を学ばなかったのか。

菅は選挙戦で、低所得世帯の負担を和《やわ》らげる税の還付《かんぷ》制度について、その対象となる年収を挙げます。ところが、東北での遊説《ゆうぜい》の先々で違うことを力説していました。たとえば、午前中は「年収二〇〇万円から三〇〇万円」、午後は「三〇〇万円から三五〇万円」、夕方になると「三〇〇万円、四〇〇万円以下の人に税金分だけ全額還付する」と、まるで

バナナの叩き売りです。思いつきで言っていることが、有権者に見抜かれてしまいました。

同年二月に「先進七カ国（G7）財務大臣・中央銀行総裁会議」がカナダで開かれています。ここに財務大臣として出席した菅は、当時問題になっていたギリシャの財政危機を通じて、財政赤字の累積が国を危《あや》うくすると財務省に聞かされて、〝洗脳〟されてしまったのです。

菅首相は、政策についてきちんとした見識を持っていない政治家でした。トップセールスでベトナムの原発を受注していますが（二〇一六年に中止）、民主党はそれまで原発依存度四〇％を唱えていました。この主張との整合性を顧《かえり》みることなく、原発輸出は菅政権の新成長戦略の柱になります。その内実は、経産省の振りつけのままに動いただけです。

二〇一一年三月の東日本大震災、福島第一原発事故の直前、前原誠司外務大臣が外国人からの献金問題で辞任します。菅首相も政治献金の問題で追及されましたが、震災で一時休戦になります。政府は震災対応に一生懸命取り組みましたが、官僚が出してくるさまざまな政策を実行するのに精一杯でした。

一九九五年の阪神・淡路大震災の時は村山政権下、経世会を中心に政治家が動いて予算を組み、対応していました。自衛隊の初動が遅かったなどの批判はありましたが、災害の対応としてはまずまずだったと思います。

もちろん、原発事故は未経験ですから、菅首相は大変だったと思います。ただ、民主党の統治能力のなさが露《あら》わになったのも事実です。とはいえ、自民党だったらうまくいったとまでは思いませんが。菅首相が唯一、政治力を発揮したのは、静岡県の浜岡《はまおか》原発を止めたことです。民主党政権は「政治主導」と言いながら、結局は官僚の操《あやつ》り人形でした。

水野先生は当時、内閣府に経済ブレーンとして入られていましたが、やはり財務省が肝心なところはグリップ（握る）していたのでしょうか。

内部から見た官邸支配——水野

私は菅政権の発足後の二〇一〇年九月上旬、「月例経済報告（景気に関する政府の公式見解を示した報告書）」や「経済財政白書（日本経済に関する年次報告書）」を作成する内閣府の経済財政分析担当の大臣官房審議官に就任しました。すぐに、財務省支配が至るところに行き届いているということがわかりました。当時の内閣府事務次官は財務省出身者でしたし、「経済財政白書」や「中長期の経済財政に関する試算」を作成するにあたって要所、要所を財務省の人が占めていました。

一年後、私は内閣官房の国家戦略室に異動しました。そこでは、各省から寄せ集められた官僚が三〇～四〇人ほど来ていましたが、内閣府より内閣官房のほうが官邸に近いだけあって、財務省支配がいっそう強いと感じました。少数の財務省出向者が要所を押さえて、三〇～四〇人をコントロールしてしまうのですから、驚きました。みごとな財務省支配です。

縦割り行政はよくないと、内閣官房に各省庁から人を集めてやろうとしても、財務省にトップと総務課長を押さえられたら、他の人たちは何もできません。

さすがに経産省組だけは違っていて、彼らだけの部屋を別に確保して、そこに陣取ってエネルギー問題に取り組んでいました。同じ国家戦略室なのに、財務省組と経産省組はまったく交流がありませんでした。交流しないのは、経産省の考えていることが財務省に筒抜けにならないようにしているのだろうと当時、思いましたね。

現在の安倍官邸では、経産省が主導権を握っているようですが、おそらく、経産省が財務省に取って代わっただけでしょう。政治改革の一環で内閣人事局が官僚の人事権を握ることになって官邸の力が強くなり、官僚主導から政治主導ということになっているようですが、それは、逆に知的レベルの低下を招いているような気がします。

財政再建と、自動車産業の競争力との関係——水野

東日本大震災の被害は、過去に例のない規模でした。二〇一一年六月、内閣府は、直接的な被害だけで、阪神・淡路大震災の被害額の倍近い一六・九兆円と推計しました。企業のサプライチェーン（部品供給網）はズタズタに寸断され、製造業は減産を余儀なくされました。しかし、それ以上に日本人の心理に大きな影響を与えたと思います。

このたちも日本列島は、御嶽山《おんたけさん》噴火（二〇一四年）、熊本地震（二〇一六年）、西日本豪雨（二〇一八年）、北海道胆振《いぶり》東部地震（同）などに襲われました。一連の災害は「天災は忘れた頃にやってくる」のではなく、「災害はしょっちゅう起こる」ことを示唆《しさ》しています。

原発事故後、原発を全部止めて計画停電を実施しましたが、その後は止めたままでも、国民に節電の意識が高まり、計画停電をしなくてもよくなりました。東京電力は原発事故以来、電力の九〇％を火力発電に頼ります。なかでも七〇超％の出力を担ったのが、東京湾沿岸の発電所です。この発電所は古く、廃棄されるところでした。

火力発電は燃料として石油や石炭、天然ガスを使用しますが、問題は原油の価格です。一バレル＝五〇～六〇ドルならば持ちこたえられますが、七〇ドルを超えると、自動車産業の輸出入の収支尻だけでは日本が必要とする原油を購入できなくなります。実際に、原油価格が年平均で一バレル＝九〇ドル台で推移していた時期とおおむね一致する二〇一一年から二〇一五年の五年間、貿易収支はマイナスになりました。これは、一九六三年以来、実に半世紀ぶりのことで、特に二〇一四年の貿易赤字は一二・八兆円と過去最大となりました。

もちろん貿易赤字になっても、対外純資産による利子や配当で二〇一四年以降、平均すると年間で二〇兆円前後入ってきますから、貿易収支の赤字が年一〇兆円であっても、経常収支は黒字を維持できるので、九〇ドルでも大丈夫です。

資源のない先進国のほとんどが、石油や天然ガスなど化石燃料に依存しています。それは、ドイツも同様ですが、ドイツには石炭があり、ロシアからパイプラインを引いて天然ガスを買っています。日本はオーストラリアなどからタンカーを使って輸入しています。しかも東日本大震災以降、火力発電への依存度が高まった日本は足元を見られて、日本が購入する液化天然ガスはヨーロッパ諸国に比べ約一・五倍の価格、いわゆるジャパンプレミアムをつけられています。

日本をはじめ先進工業国にとって、原油など化石燃料は中間投入（生産過程において投入される原材料、部品、サービスなど）にあたり、生産に必要不可欠です。生産＝所得ですから、所得を生み出す源泉は化石燃料です。その化石燃料はドルで購入するわけで、工業製品に関しては国内需要を上回る供給力をもって輸出してドルを稼ぐことが必要となります。

もし、日本の自動車産業が国際競争力を失って輸出が低迷し、原油価格が高騰しようものなら、とたんに破綻の危機が迫ります。それほど、経済基盤が危《あや》うい構造になっているのです。

毎年の財政赤字が累積して、巨額の債務が積み上がっているにもかかわらず、財政危機が表面化しないのは、国の財政赤字以上に家計と企業を合わせた貯蓄超過があるからです。その超過分が経常収支の黒字になっているわけですから、国家財政の再建は、自動車産業と原油価格次第ということになります。国家財政と、自動車産業の競争力、これらは一見、関係ないように見えるかもしれませんが、実は密接につながっているのです。

国際間における自動車産業の優位が永遠に続き、かつ原油価格が一〇〇ドルを超えることがないという保証があり、ゼロ金利であれば、財政再建を先送りすることができます。これまで、財政再建が後回しになってもなんの問題も起きなかったのは、こうした幸運に恵まれてきたからです。今後もこうした幸運に恵まれると考えるのは、よほど能天気な人でしょう。不景気だからといって、財政再建を後回しにすることはできないのです。

野田佳彦と仙谷由人の大罪――山口

福島第一原発の事故は、海外でも大きな衝撃をもって受け止められました。ドイツは脱原発を決めましたし、台湾も同様です。原発の安全性に対する疑いが、世界的に広がる大きなきっかけとなったのです。

菅首相は、のちに「東日本壊滅を一時、覚悟した」と述べています。これは嘘《うそ》ではないでしょう。福島第一原発全六機のうち、運転中の一〜三号機が電源の喪失で冷却不能になり、燃料棒が焼け落ちました。メルトダウン（炉心溶融《ろしんようゆう》）と言われる事態です。大気中、土壌、地下水、海に大量の放射性物質が放出されたのです。

五号機、六号機も電源が失われていましたが、高台にあって津波の被害が少なく、六号機の非常用ディーゼル発電機だけが自動起動していました。その発電機が交互に使用できたことで、メルトダウンが避けられました。四号機は一〜三号機と同じくすべての電源を失いましたが、定期検査中で原子炉内の燃料は全部、使用済み燃料プールに取り出されていたため、メルトダウンを免《まぬか》れています。もし四号機がメルトダウンしていたら、東日本壊滅の可能性はかなり高かった。事態は切迫し、天皇陛下に関西へ避難してもらうという話まで出ていたのです。

菅首相はこの事故から、脱原発に宗旨《しゅうし》替えをします。それは信念と言ってよいほどのもので、平成三〇年代に向けて、原発ゼロの政策を取りまとめました。

これは大きな意味があったと思うのですが、次に野田佳彦《のだよしひこ》が首相になると、何事もなかったかのように、福井県の大飯《おおい》原発の再稼働を認めます。そして、自民党に政権が移ると、原発再稼働路線になってしまいました。

原発事故に対する責任の追及も、実に日本的でうやむやでした。あの時、東京電力を破綻処理し、国有化したうえで賠償するという議論がありましたが、結局、東京電力を生き残らせてしまいました。これを主導したのが、官房副長官だった仙谷由人です。

ＴＰＰにメリットなし——水野

二〇一一年、円高が急激に進み、戦後最高値（七五・七八円）を更新しました。ＴＰＰ（環太平洋経済連携協定）参加問題も持ち上がりました。

この時の円高は、生保が外貨建て資産を円に戻したことによるものと言われています。生保は円とドルに分散して資金運用をしていますが、東日本大震災による保険金拠出が巨額になることが予想されたため、ドル建て資産を売ったのです。そのため、一気に円高に進んだのです。

TPPは、アジア太平洋経済協力会議（APEC）首脳会議の直前、それまで乗り気ではなかったオバマ大統領が参加を表明したために、野田首相は急遽《きゅうきょ》、参加を発表することになりました。

TPPは、太平洋を囲んで自由貿易協定を結ぶというものです。アメリカの発案ではなく、ニュージーランド、チリ、シンガポール、ブルネイの四カ国間の経済連携協定（EPA）として始まっています。モノの流れを活発化するために、関税を極力下げていこうというものです。ゆくゆくはEU（欧州連合）と結びつけて、世界規模に広げていくためのワンステップという位置づけでした。

関税が低くなりますから、農産物を輸出したい国にはメリットがあります。アメリカも農産物の輸出攻勢をかけたかったのですが、次のトランプ大統領が「ノー」と言ったことで、TPPの意義が薄れてしまいました。TPPが発効すれば、世界のGDPの四割を占める巨大経済圏が実現したはずです。その半分を担うアメリカが抜けてしまえば、二割規模に縮《ちぢ》んでしまいます。

TPPを経済ではなく安全保障という枠組みで考えるべきだ、という議論もあります。

日米同盟や太平洋安全保障条約（アメリカとオーストラリア・ニュージーランド間の軍事同盟）の傘《かさ》を広げて、ロシアや中国に対峙するということでしょうが、ブルネイなどの国はそんなことは考えていないでしょう。しかも、アメリカが参加しなければ、安全保障問題と絡《から》めて考えることは意味をなさないことになります。

私は、ＴＰＰは日本にはメリットがないと考えています。

日本は現在のところ、北米、特にアメリカ向けの自動車輸出でなんとか豊かな生活を維持しています。しかし、トランプ大統領は日本の工場で生産した自動車をアメリカに輸出することをいつまでも放っておかないでしょう。そうであれば、化石燃料依存度を低下させて再生エネルギー比率を上げ、同時に財政再建に取り組むことが必要です。

第六章

長期政権と右旋回

――そして、安倍一強へ

2012〜2019年

●概観　グローバル化が世界のすみずみに行き渡るとともに、それへの反動が生じ、大きなうねりとなった時期です。

グローバル化により「持てる者」と「持たざる者」の差はいっそう開き、アメリカでは中流階級の没落が顕著《けんちょ》となります。二〇一六年一一月、彼らの「民意」を掬《すく》い上げたドナルド・トランプが大統領選挙で勝利。同年六月には、イギリスでEU離脱の是非を問う国民投票が行なわれ、僅差《きんさ》で離脱派が勝利していました。いわゆる「ブレグジット」です。

やがて、ポピュリズム、保守主義、排外主義が世界を席巻していきます。日本も歩調を合わせるかのように、右傾化、排外主義が露わになりました。

二〇一二年一二月、第二次安倍（晋三）政権が成立。大方の予想を裏切り、二〇一九年現在も続く長期政権となっています。安倍一強の下、政権交代の気運は見られず、野党は絶滅危惧種状態です。二〇一四年七月、集団的自衛権の行使容認が閣議決定され、「戦争ができる国」になりました。

二〇一六年八月、憲法と民主主義の下に存在すると自己規定する天皇陛下が、譲位のご意向を表明しました。平成という時代の終焉です。

2012～2019年の動き①

2012年	
2月	復興庁発足
9月	尖閣諸島国有化を閣議決定
11月	野田首相、衆議院解散を表明
12月	衆議院選挙で自民党圧勝→政権交代
	第２次安倍晋三内閣が発足
2013年	
3月	安倍首相がＴＰＰ交渉参加を表明
4月	黒田東彦日銀総裁が大規模な金融緩和を発表
7月	参議院選挙で自民党圧勝→「安倍一強」体制
9月	2020年東京五輪開催決定
11月	中国が東シナ海の防空識別圏を設定
12月	特定秘密保護法成立
2014年	
1月	国家安全保障局（日本版ＮＳＣ）発足
3月	ロシア、クリミア併合
4月	消費税８％に
6月	イスラム国（ＩＳ）樹立宣言
7月	集団的自衛権の行使容認を閣議決定
2015年	
9月	安全保障関連法成立
11月	パリ同時多発テロ（フランス）
12月	慰安婦問題で日韓外相が合意
2016年	
3月	民進党結成
5月	オバマ大統領、広島訪問
6月	安倍首相、消費税率引き上げ（10％）の再延期表明
	国民投票でＥＵ離脱支持派が勝利（イギリス）
7月	小池百合子、東京都知事就任
8月	明仁天皇、譲位のご意向表明
11月	ドナルド・トランプ、大統領選挙で勝利（アメリカ）
12月	ＴＰＰの承認案、関連法案が成立
	安倍首相、オバマ大統領とハワイ真珠湾を訪問

罪な個人プレー――山口

二〇一二年一一月、自民党が政権を奪い返します。その引き金となったのが、野田佳彦首相が安倍晋三自民党総裁との党首討論で、議員定数削減、議員歳費削減と引き換えに解散を約束したことです。

当時の状況を振り返ってみましょう。同年六月、野田首相は消費税増税法案を自民党、公明党の賛成も得て、衆議院で可決させます。ところが、これに反発した小沢一郎のグループが離党し、新党・国民の生活が第一を結成するのです。

小沢の罪は大きい、と私は思います。政策的に食い違いがあっても、党を二分すれば、自民党が漁夫《ぎょふ》の利《り》を得るに決まっています。当時、支持率が低下していた民主党を割り、その直後に解散という展開には、自民党に権力を明け渡すという意味しかありません。長年、権力を知り尽くしている人が、なぜこのような行動を起こしたのか理解に苦しみます。

ともに小沢嫌いで、不必要に党内の亀裂を大きくした野田首相と菅前首相の責任も大きい。与党でありながら、党が分裂するというのは信じがたいことです。

2012〜2019年の動き②

2017年	
7月	東京都議会選挙で都民ファーストの会圧勝
	国連で核兵器禁止条約採択するも、日本は不参加
9月	小池百合子に近い議員ら、希望の党結成
10月	民進党・枝野幸男ら、立憲民主党結成
	衆議院選挙で立憲民主党が野党第1党に
2018年	
3月	財務省、森友学園問題で公文書改竄を認める
4月	韓国・北朝鮮の南北首脳会談→板門店宣言
5月	希望の党分裂、国民民主党結成
6月	初の米朝首脳会談
	改正民法成立→18歳成人に
7月	米中貿易戦争勃発
9月	総人口に占める70歳以上の割合がはじめて2割を超える
2019年	
4月	30日、明仁天皇譲位
5月	1日、改元

民主党分裂後、野田首相は増税関連法案を成立させるために、自公に対して「近いうちに国民の信《しん》を問う」と意味深《いみしん》な発言をしました。しかし、いっこうに解散のそぶりを見せないことから、自民党は野田首相を執拗《しつよう》に嘘つき呼ばわりして攻撃しました。九月に安倍が自民党総裁に就き、解散に向かって政治は激しく動いていきます。

政権延命も、野田政権の選択肢のひとつでした。衆議院選挙前から株価が上がり始め、また円安傾向にありました。経済が上向きのなかで新年度予算編成を手がければ、野田政権は窮地を脱することができたのではないか。実際、翌年には歴史的な株高になり、年末には前年夏までの円高（一ドル＝八〇円）は一〇〇円台にまで戻っています。

この経済好転は「アベノミクス」と「異次元の金融緩和」のおかげというのが定説ですが、この頃は世界的に景気回復基調にあり、アメリカやドイツでは株価が史上最高値を更新しています。日本もすでに景気回復期に入り、円安株高基調が始まっていたのですから、アベノミクスも異次元の金融緩和も、すこし遅れたタイミングで偶然に登場しただけにすぎないのです。

野田首相が党首討論でいきなり解散を持ち出したのは、おそらく「救国の宰相」と後世に名を残したいため、くだけた言葉で言えば「ええかっこしい」です。しかし、政権保持という大目標を見失った暴走と言わざるをえません。鳩山首相の沖縄基地問題に関する暴走で始まった民主党政権は、暴走で終焉という、なんとも皮肉な結末でした。

安倍政権の高支持率を支えているもの——山口

自民党は野党に転落して以来、右傾化していきました。

利益を求めて政治に群がる団体は、やはり与党を応援します。野党・自民党を応援してくれるのは、「日本会議」に代表されるようなイデオロギー的右派が中核になります。自民党は野党時代に「日本国憲法改正草案」を作っていますが、私は、コアな保守支持者に対するリップサービスと見ています。右傾化した自民党のなかで、安倍晋三が着々と首相の座を狙っていたということでしょう。

戦後、首相の再就任は吉田茂《よしだしげる》以来のことです。安倍は二〇〇七年、就任一年にして、首相の座を投げ出しました。しかし、その後も自民党内で協力者を増やし、アベノミクスなど、着々と準備をしていました。安倍はその血筋（祖父・岸信介《きしのぶすけ》元首相、父・安倍晋太郎元外務大臣）からも、保守派のなかでは常にエースであり、期待の星だったのです。

安倍政権の人気・支持の最大理由は日本経済が安定したことです。さらに、野党がダメだという、消去法的な支持もあるでしょう。民主党（二〇一六年に維新の党などと合流して民進党。二〇一八年に国民党を吸収して国民民主党）への絶望、変革へのあきらめのなかで、自民党政権が復活しました。つまり、安倍政権はきわめて低い期待水準のなかで誕生しており、支持が下がる理由がない、と言えなくもありません。

ナショナリズムの気運も、安倍政権を支えています。日本の周囲を見れば、帝国主義的な膨張《ぼうちょう》を続ける中国と、核ミサイルの開発を行なう北朝鮮など、安全が脅《おびや》かされている、という認識が浸透しました。だから、タカ派的な安倍政権で日本を守ってほしい、という気分が庶民の間にあったのです。

二〇一〇年、日本はGDPで中国に抜かれました。経済大国からの転落という状況のなかで、安倍首相が「日本を取り戻す」といった保守的・復古的スローガンを唱えたことは、国民的プライドを失いかけている日本人には、魅力的に響《ひび》いた側面もあるでしょう。

オバマの次にトランプが出てきたというアメリカの構図が、日本にもあてはまるかもしれません。オバマ政権下の民主主義や人権を追求する政治からの反動で、特に一定年齢以上の男性層の期待に応《こた》える保守的なリーダーが人気を集めますが、そのリーダーが白人男性の本音を掬《すく》い上げて支持を集めたトランプでした。

日本の民主党政権も、人権の尊重、多様性、友愛など美しいスローガンで理想を語りました。これは、「ポリティカル・コレクトネス（政治的正しさ）」と言われるもので、人種・宗教・性別などによる差別や偏見をともなわない表現・発言をすることです。これへの反動で、本音を表現する気運が高まり、自民党政治に回帰したのではないでしょうか。
安倍政権の支持率を見ると、女性に比べ、男性の支持が高いことが特徴です。

アベノミクスのトリック——水野

安倍首相は就任と同時にアベノミクスを掲げ、三つの経済成長戦略を打ち出します。具体的には、「大胆な金融政策」「機動的な財政政策」「民間投資を喚起する成長戦略」を指し、戦国武将・毛利元就《もうりもとなり》の故事に倣《なら》って「三本の矢」とされました。この故事は「三本束《たば》ねれば容易に折れない」という意味なのですが、アベノミクスの三本の矢は、同時ではなく時間差で放たれた三段式ロケットでした。

明らかに第一の矢が失敗しているわけですから、第三の、もっとも安倍政権が重視しているはずの成長戦略、すなわち名目GDP成長率三％、実質GDP成長率二・〇％の達成はとうてい無理です。もっとも、「三本の矢」がうまくいかないと、「新三本の矢」と目先を変えてきますので、本当に成長戦略を重視しているかどうか疑わしいとも言えます。

このなかで、大胆な金融緩和が、円安・株高をもたらしたとクローズアップされました。この金融緩和策は、黒田東彦《くろだはるひこ》日銀総裁の下で導入され、「異次元の金融緩和」「黒田バズーカ砲」とも言われました。しかし二本目、三本目の矢は、その効果を評価する声は少なく、期待はずれでした。

三年後の二〇一五年、安倍首相は新たに「希望を生み出す強い経済」「夢をつむぐ子育て支援」「安心につながる社会保障」の新三本の矢を公表しました。従来の「三本の矢」は、新三本の矢のひとつである「強い経済」に集約され、新たな二つの政策が追加されました。

通常、新しい政策を打ち出す時は、新政策が前政策よりも重要になったからでしょう。しかも従来の「三本の矢」は第一の矢が事実上折れているのですから、達成したか格下げしたのではなく、未達であることから目を逸《そ》らすために新たに二つを追加したと判断したほうが説得的だと思います。

アベノミクスのシナリオでは、消費者物価が二%上昇、長期金利は二〜三%、そして税収増加となるはずでした。ところが二〇一八年、安倍首相がアベノミクスの成果として誇ったのが、失業率の低下や有効求人倍率の上昇です。当初のシナリオはどこに行ったのでしょうか。

　実は、有効求人倍率が上がるのはあたりまえなのです。単純計算ですが、各学年で二〇〇万もいる団塊《だんかい》の人たちが引退して、一二〇万人しかいない新卒者が就職するのですから、どう考えても有効求人倍率は上がっていきます。言わば、数字のトリックです。アベノミクスのシナリオどおりにいかなくても、安倍首相は他にいい数字があれば、これは俺の手柄だと、自分の成果ではないことも自分の成果にしてアピールしています。

　かといって、まったく成果がなかったわけではありません。異次元の金融緩和の効果は、前述のように円安・株高に現われました。すると輸出産業が伸びて企業収益は拡大し、設備投資も増加しました。結果的に雇用が増えて、消費も高まりました。

　実際、安倍政権下で株価は二倍超になっています。また、消費者物価は上がりませんでしたが、土地など資産価格は上昇しています。企業経営者や資本家からすれば、アベノミクスはウエルカムであることがわかります。

　しかし、六五三〇万人の就業者の多くは、アベノミクスの恩恵を感じているようには見えません。日本では、株を保有している人は一割程度しかいません。極端に言えば、労働者でアベノミクスが成功していると評価する人は一割にも満たず、ほとんどの人にとってはマイナスの評価だと思います。

賃金が上がらない本当の理由——水野

安倍首相がアベノミクスをいくら自画自賛しても、企業の利益は依然として賃金に回っていません。二〇一七年度末の日本企業の内部留保は、四四六・五兆円にまで積み上がっています（財務省「法人企業統計年報」）。同じく、二〇一七年度の企業の純利益（税引き後利益）は六一・五兆円と、バブル期のピークだった一九八九年度の三・四倍にも達しています。いっぽう、総人件費は同じ期間に一・三四倍にしか増えていません。

内部留保の本来の目的は、工場建設などの設備投資に備えてのものです。しかし現在、多くの製造業で過剰設備の状態にあり、工場や店舗を新たに建設する必要はありません。

シャープは二〇〇二年に亀山《かめやま》工場（三重県）、二〇〇九年に堺《さかい》工場（大阪府）と巨大工場を建設しましたが、経営を傾けて、台湾企業・鴻海の傘下に入りました。パナソニックも、テレビ事業の縮小により、二〇一四年に尼崎《あまがさき》工場（兵庫県）を閉鎖しています。また、有効な投資先も見つけられていません。では、なぜ内部留保を積み増すのか。

経営者は、リーマン・ショックなどいつ起こるかわからない危機への備えのためだ、と言います。しかし、将来不安で内部留保を積み上げるだけなら（有効な経営施策を提案できないなら）、それは経営者失格です。なぜなら、商品の開発や新しい市場の開拓など、革新（イノベーション）をもたらすのが経営者の務めだからです。

ならば、株主総会で内部留保を賃金に回すと言えばいいと思うのですが、そんなことを言おうものなら、即座に株主が取締役解任動議を出してきます。株主は配当を高めてくれる人を経営者に選びます。内部留保は、地位保全のためでもあるのです。

とはいえ、内部留保を積み上げ続ければ、いずれ経営者は無能と非難されます。そこに外国の投資銀行から、M&Aの話が持ち込まれてきます。すると精査もせずに（あるいはその能力がないのに）、乗ってしまうのです。しかし、日本企業でM&Aを成功させたケースはほとんどありません。

要は、内部留保はいくら積み上げても、使い道がない。有効な使い方は、賃金を上げることに尽きるのですが、なぜか賃金には回りません。ROE経営（123～125ページ）以前は、企業が付加価値（売上から仕入れを控除した額）を増やせば、企業利益と賃金は両者とも上がりました。しかし、ＲＯＥ経営があたりまえになると、企業利益が増えているからといって賃金が増えるということになっていません。それはなぜか。

前述のように、経産省の先導もあって、ＲＯＥを欧米並み、あるいはそれ以上の一五～二〇％を目標にする企業が増えました。二〇一七年度において、日本企業（資本金一〇億円以上の大企業）の平均ＲＯＥは九・五％（財務省「法人企業統計年報」）。それを二〇％に高めるには、六〇兆円の純利益を倍の一二〇兆円にする必要があります（純利益の全額を配当に回し、自己資本は増えないという極端な前提で）。純利益六一・五兆円は、営業利益六七・四兆円を源泉としますから、営業利益は一三五兆円強にしなければなりません。

安倍首相は二〇一五年、名目ＧＤＰ六〇〇兆円達成を目標にすると公言しました。ＧＤＰを分配面からとらえると、主として雇用者報酬と営業余剰（営業利益に相当）、そして固定資本減耗（減価償却費に相当）の三つから構成されます。二〇一八年の名目ＧＤＰは五四九兆円ですから、あと約五〇兆円増やす必要があります。ＲＯＥ経営では、名目ＧＤＰの構成要素の一つである営業余剰を六八兆円増やして、はじめてＲＯＥが二〇％になります。名目GDP六〇〇兆円とROE二〇%の両方を達成するには、雇用者報酬を一八兆円削減しないといけない。ということは、賃下げ圧力はまだ続くことになります。

ところが、企業がROE二〇%を目標にしても、収益は賃金や設備投資には回らず、内部留保として積み上げられるだけです。

官邸も経産省も「強い経済」を掲げていますが、実際は「強い資本」を目標にしていると言えます。数字を突き合わせれば、これはおかしいとなるはずです。誰も安倍首相に献言しないのでしょうか。アベノミクスが続くかぎり、賃金は上がらないでしょう。

進む、権力の集中と独裁――山口

二〇一四年、集団的自衛権の行使容認が閣議決定されます。アメリカのトランプ政権を見てもわかるように、ロシアや中国などに対抗するために、民主主義国家でも国家権力を強化していきます。このように、個人の自由や権利、情報公開を犠牲にしても、強い国家権力を作って覇権争いをしていくという国際社会の潮流が、二〇一〇年代から顕著になりました。

日本も安倍政権下、「安全保障環境」の悪化というスローガンで、防衛力の強化や、安全保障に関する縛《しば》りを解く法改正が進みました。そのとっかかりが、二〇一三年に閣議決定された「特定秘密法（特定秘密の保護に関する法律）」です。これは、国家の安全保障にかかわる情報の漏洩《ろうえい》を防ぐことを目的としたものです。

二〇一四年には「集団的自衛権の行使は憲法九条の下でも可能」とする閣議決定を行ない、翌年には「安全保障関連法」を成立させました。政府権力の強化路線が、安倍政権の下で進んでいきます。

安倍政権は、平和国家路線の転換にも踏み出します。歴代の自民党政権、特に池田（勇人）政権（一九六〇～一九六四年）以降は憲法改正を断念して、憲法九条の下で存在しうる自衛隊のあり方に知恵を絞り、専守防衛路線を打ち出してきました。それは、沖縄に犠牲を押しつけた面もありますが、防衛費は抑制され、自衛隊が他国を攻めるような大きな力を持たないことで、自衛力をセーブしてきたのです。

また、専守防衛の論理的帰結として、集団的自衛権を行使できないとしてきました。日米同盟があるけれど、アメリカが戦争を始めても、日本は関係ないと拒否できました。だから、日本は韓国とは異なり、ベトナム戦争に参加せずにすんだのです。

戦後、アメリカをはじめとする連合国から現在の体制を押し付けられたとして、「戦後レジーム」からの脱却を訴えた安倍首相は、憲法の九条を改正したいという強い思いを持っています。それが、集団的自衛権の行使に踏み切ったことで、日米同盟がより実質的な軍事同盟として意味を持つようになりました。政策を転換する手法の面では、いかにも安倍首相らしいと言えるのですが、閣議決定で変えるというのはあまりにも安易です。

民主主義の死に方——山口

権力の集中、あるいは独裁の傾向は、世界的に問題となっています。二〇一八年、ハーバード大学教授のスティーブン・レビツキーとダニエル・ジブラットは、共著で『民主主義の死に方』を刊行しました。これは、トランプ政権を念頭に置いて書かれていますが、日本にもかなりあてはまります。

同書によれば、アメリカの民主政治を支えてきた条件が二つあり、ひとつは「相互的寛容」、もうひとつは「自制心」である。「相互的寛容」とは、野党を敵ではなく政党政治や民主政治を支えるパートナーと見て、主義・主張は違っても、たがいに尊重しあうこと。「自制心」とは、権力者といえども万能ではなく、法の精神に反することは明示的な禁止がなくても自制するという熟慮、叡智《えいち》のことを指します。しかし、トランプ大統領は二つとも取っ払ってしまい、対立と、権力の集中をもたらしたと論じています。

話を日本に戻します。これは小選挙区制の批判につながるのですが、中選挙区制の良い点に、政治家の相互的寛容が挙げられます。ひとつの選挙区で三～五人の衆議院議員がいれば、与党であれ野党であれ、同じ地域の代表者として、おたがいへの敬意がありました。

これが、一人の当選をめぐって争う小選挙区になると、勝つか負けるか、倒すか倒されるか、に変わりました。しかも、政権交代で野党の悲哀を味わった自民党は権力にしがみつく、あるいはあらゆる手段を使って政敵を叩き潰すことに懸命になりました。

特に述べておきたいのが、組織的自制心の欠如です。憲法や各法律で禁止されていないことはなんでもやっていいのだ、という発想で安倍政権が動いているような気がしてならないのです。水野先生が指摘された、ショック・ドクトリンを思い起こさせます。

そのひとつの例が、内閣法制局（以下、法制局）長官の人事です。安倍首相は集団的自衛権に批判的な長官の退任後、自分のお気に入りで、法制局勤務経験がない外交官を長官に据えました。法制局長官の人事はルールとして明示されていないので自由だ、と言われればそれまでですが、旧来の自民党政権は違っていました。

たとえば、中曽根首相は、集団的自衛権を含めて憲法九条の縛りを取り払うことを目指しても、法制局の人事には手を突っ込みませんでした。国の法的安定性を担保するうえで、一《いち》政権が私物化できる話ではないという自制心があったのでしょう。実際、一九五二年以降、法制局長官は内部から昇進してきました。

このように、従来の権力者が自制してきたことを、なんのためらいもなく党派的利害や思惑《おもわく》で捻《ね》じ曲《ま》げるのが、安倍政権の特徴です。政治の新しい現象です。トランプ政権のアメリカが、まさにこれです。移民問題などで裁判所が政権に批判的な発言をすると、トランプ大統領がすぐさま反応して裁判所を非難するのです。

『民主主義の死に方』のなかで、独裁の兆候として「審判を抱き込む」「対戦相手を欠場させる」「ルールを変える」の三つがあると指摘されています。

法制局長官を替えるのは、「審判を抱き込む」です。法制局は内閣から自立した機関であり、政府が進める立法について、法の専門家としてチェックします。それが、ひとつのバリアになっていました。安倍首相はこれを取り払い、政権の意のままになるようにトップである長官を替えたのです。法制局が審判の役割を果たさなくなってしまいました。

「対戦相手を欠場させる」は、報道機関への対応です。ＮＨＫの会長にシンパを送り込みましたが、これには権力への抑制装置としてのメディアを骨抜きにする意図がありました。また、「報道ステーション」「ニュース23」などのテレビ番組で、政権へ批判的な言論人がパージされる現象が起こっています。

「ルールを変える」としては、野党が憲法にもとづいて臨時国会の召集を要求しても無視する、森友《もりとも》学園・加計《かけ》学園問題では明らかな法律違反があってもうやむやにしたり、不問に付《ふ》したりする、など自分に都合がいいようにルールを捻じ曲げることが横行しています。このような安倍政治の現状は、民主政治の劣化をもたらしています。

消費税二〇%か、それとも……――水野

二〇一六年、消費税増税が二〇一九年一〇月に先送りされました。しかし、財政の赤字三〇兆円は埋めなければなりません。

現在のところ、自動車産業の国際競争力が強いので、三〇兆円超の赤字国債を出してもいいかもしれませんが（二〇一八年は二七兆五九八二億円）、自動車産業が将来も強いという保証はありませんし、どのような事態が起こっても国家が安定していることが政治家の務めですから、国の命運をひとつの産業にかけるということはできません。

日本では一九九〇年以降、段階的に法人実効税率（国家に納める法人税と地方自治体に納める法人住民税・法人事業税）を下げ続け、現在は二九・七四%です（一九八九年は五一・〇四%）。また、前述のように企業の純利益が増え、使い道のないカネが積み上がっています。これでは、減税をする意味がありません。

経団連は、法人税減税をしなければグローバル企業に対抗できない、と言っていますが、それは自動車産業だけでいいでしょう。電機産業はすでに韓国や台湾などのグローバル企業に敗北していますし、他の産業は自活するので精一杯です。自動車産業だけを特例

措置で減税して、他は元に戻すべきだと思います。

また、個人の所得税の最高税率を、一九七〇年代の七五％に戻してもいいと思います。こちらも、一九八〇年代以降に段階的に下がり続け、二〇一五年に五％上がったものの、現在は四五％。これでは「富裕層の優遇」と言われてもしかたないでしょう。

さらには、企業の内部留保や個人の金融資産に課税し、相続税の税率を引き上げます。ここまでして、はじめて消費税増税の論議をすべきです。ただ、内部留保課税と個人金融資産課税は財政赤字の補塡ではなく、格差是正に使います。

消費税一％の税収は約二・五兆円ですから、消費税だけで財政赤字三〇兆円を賄《まかな》うなら、あと一二％上げなければなりません。すると税率は二〇％になり、欧米並みの水準になります。逆に言えば、欧米はそれだけ消費税率が高く、日本が消費税増税を先送りしてきたのは、たまたま自動車産業ががんばっていたからです。

ただし、消費税三・五％に相当する八・八兆円の利払い費（二〇一九年度予算）が今後ゼロ金利の長期化によってなくなりますので、消費税は一六％になります。高齢化にともなって、社会保障関連予算の自然増分がありますから、六五歳以上の人口がピークを迎える二〇四〇年まで消費税で賄うのか、他の財源に求めるのかについても議論する必要があります。仮に社会保障の自然増分も消費税で賄うとすれば、五年に一度、二％程度の引き上げが必要になります。

二〇一九年一〇月の増税で、景気のマイナスが懸念されていますが、不況になるとしても一年か一年半でしょう。消費税を上げることで経済が停滞しても、循環的なものなので、また元に戻ります。景気が悪くなるから、増税を先送りしようというのは、ナンセンスです。

ただし、消費税で財政赤字の全部を埋めるというのは、実に安直です。消費税は若年層にも所得の少ない人にも税率は一律ですから、消費税を上げるなら、高額所得者への累進課税と同時に行なわなければ、不公平感は募《つの》るでしょう。

日産をルノーに渡してはいけない——水野

現在、財政がなんとか成り立っているのは、経常黒字があるからです。また、政府と民間部門を合わせて貯蓄超過の状態にあります。ですから、経常黒字があるうちは、国債を発行しても、いざとなれば民間が全部購入できます。国債の九割は、日本人が買っていますから、そのかぎりでは財政は破綻しません。

ただし、財政破綻を心配しなくてもいいという前提には、自動車産業に貿易黒字を出し続けてもらう必要があります。

ガソリンエンジンで世界一、二を争う日本の自動車産業が、次世代エンジンで二一世紀も世界一の座を保てるかどうかは不確かです。世界に冠《かん》たるサプライチェーンである「ケイレツ」が重荷となって、内燃機関（＝エンジン。ガソリン自動車）から電動機（＝モーター。電気自動車）への転換がうまくいっていません。エンジンには多くの下請《したう》け企業が連《つら》なっており、なかなかそれらを切れないのです。しかし、モーターは部品が少なく、下請け企業をあまり必要としません。

つまり、日本の強みがこれから弱みになって、日本の自動車産業は競争力を失う日が近いのではないか、と危惧しています。そうなると、一般機械産業、電機産業、そして自動車産業と、日本の稼ぎ頭が総崩れになってしまいます。ですから、日産がルノーに取られたら、大変なことになります。

日産は二〇一八年、国内外で五四九万台を生産し、うち国内生産台数は九三万台です。販売先は国内で六二万台、海外販売は五〇四万台です（前年の在庫があるため、生産と販売台数は一致しない）。いかに、日本の自動車産業は海外市場に依存しているかがわかります。

ルノーの大株主であるフランス政府は、日本からの輸出分をフランスの工場から出荷することを目論《もくろ》んでいるのです。トランプ大統領も同じです。これは一《いち》企業だけの問題ではなく、日本経済、いや日本国にとって大きな問題なのです。もはや、日本政府は企業間の問題であると悠長なことは言っていられません。

グローバル化で、九九%の国民は損をした!?――水野

イギリスのEU離脱は、トランプ大統領の出現とワンセットで見たほうがいいでしょう。ともに、グローバル化の終わりを象徴しています。

イギリスは「ヒトの移動が嫌だ」と言い、トランプは「ヒトもモノも移動は嫌だ」と言っているのです。ヒトとは、移民や難民を指します。彼らは雇用を奪う脅威とされていま

す。モノは中国、日本、ドイツの輸出攻勢で、アメリカやイギリスから見れば雇用機会の喪失をもたらします。

イギリスとアメリカは、グローバル化を推進してきた二大勢力です。世界金融の中心であるロンドンのシティ、ニューヨークのウォール街が、その先兵でした。グローバル化の総元締めである両国が「グローバル化はやめた」と言い出したのは、グローバル化にはメリットがないと見切ったからです。

グローバル化は相互依存することでおたがいにメリットを享受する、というのが、もともとの触れ込みでした。しかし、日本の現状を見れば、真逆《まぎやく》であることがわかります。アメリカに構造改革、金融ビッグバン、時価会計の導入、経営と所有の分離などを迫られ、その結果、リストラや非正規雇用が拡大しました。おかげで、結婚したくても結婚できない、子どもが欲しいのに産めない、貯金もできない、退職金も年金も厳しいと、日本人は将来不安と相互不信を抱えたまま暮らすようになったのです。経済が収縮するのは当然で、デフレも当然の帰結です。

世界を見ても、グローバル化は貧困と格差を生み出しています。経済のグローバル化が本格的に始まった一九八八年以降から現在までの、世界各国の個人所得の変化を表わす「エレファント・グラフ」は、中国やインドなど新興国の中間層以上と、先進諸国の上位一％の個人がグローバル化の恩恵を受けていることを示していますが、上位一％の半分はアメリカ人です（東京財団政策研究所「税・社会保障調査会資料」二〇一七年より）。

このように、グローバル化とは、相互依存でおたがいに利益向上をはかるのではなく、資産を持つ者、すなわち富裕層の利益を最大化することが目的だったと言わざるをえません。

二〇世紀末以降、アメリカでは「絶望死」が増え、深刻な社会問題となっています。絶望死とは自殺、アルコール中毒が原因の肝臓疾患などによる死去、そして薬物中毒死です。この死亡原因は、先進国のなかで、アメリカだけが急上昇しています。この背景には、規制緩和による医療業界における薬の過剰投与や、リーマン・ショック以降に急速に広がった経済格差があると分析されています。

驚いたことに、アメリカ人の平均寿命は二〇一五年以来、三年続けて短縮しています。薬物の過剰摂取や自殺による若い男性の死亡率の上昇が、その要因です。

世界経済の現状を見るに、はたして民主主義がグローバル化に対応しているのかどうか、疑問です。もし対応していないなら、グローバル化のほうを民主主義に合わせるべきでしょう。

日本でグローバル化が浸透したのは平成に入ってからですが、元をたどれば、一九八〇年代初頭にアメリカが提唱していました。私は、金融自由化が行なわれた、一九七一年のニクソン・ショックが嚆矢《こうし》と見ています。

「である天皇」と「する天皇」——山口

二〇一六年八月、明仁天皇の譲位の「おことば」には驚きました。当時、安倍首相が提唱していた戦後体制の改変に対して、野党が無力さをさらけ出すなか、憲法を遵守《じゅんしゅ》する象徴天皇として、その存在感は際立《きわだ》ちました。

昭和天皇は、大日本帝国憲法下に帝王学を学んだため、象徴天皇になり切れなかった部分があったように思います。いっぽう、明仁天皇は、日本国憲法が規定するはじめての本格的な象徴天皇として即位していきます。このことは、天皇ご自身がよくわかっていたようです。要するに、憲法と民主主義の象徴として存在するのだ、と。

明仁天皇は、硫黄島《いおうとう》やパラオなど太平洋戦争の激戦地を訪れたり、熊本・水俣《みなまた》市などで戦後日本の負《ふ》の側面に向き合ったり、東日本大震災などの被災者を見舞ったりするなど、国民統合の象徴たらんと努めてきました。

政治思想史学者・丸山眞男《まるやままさお》の有名な言葉に、「である論理」と「する論理」があります。「である」においては、地位や存在そのものが意味を持ちます。君主制はまさにこれです。いっぽう、「する」は近代的な機能を重視する発想です。

明仁天皇は「である天皇」ではなく、みずから積極的に憲法と戦後民主主義の象徴として行動し、その理念を国民に教え諭《さと》す行為を続けました。安倍首相が改憲を目指すなか、「する天皇」の存在感が、それまでにないほど大きくなっていったのです。

そして、譲位という問題提起をしました。保守派の反発などもありましたが、結局は一代かぎりという、例外的扱いに落ち着きます。

二〇一八年一〇月、安倍政権は「明治一五〇年記念式典」を挙行しましたが、かなり小規模で、明仁天皇をお呼びしませんでした。ちなみに、佐藤《さとう》（栄作《えいさく》）政権の時に行なわれた「明治百年記念式典」では、昭和天皇と香淳《こうじゅん》皇后をお呼びしていました。この違いを考察することは、安倍政権の性格を占ううえでも有効だと思います。

アメリカの「帝国」化をまねる中国――水野

中国の台頭には、著《いちじる》しいものがあります。そのきっかけは、一九九七年のアジア通貨危機と、二〇〇一年の中国のWTO（世界貿易機関）加盟です。

欧米資本はアジア通貨危機後、政情不安定な東南アジアから中国に向かい、中国が世界の工場になりました。その後、中国のWTO加盟により、中国は西側のルールに従うとの期待が強まり、さらに外国の余剰資金が入ってきました。

国が経済成長を遂げる時には、投資資金が必要です。グローバル化以前の投資は、主に自国民の貯蓄で行なっていました。しかし、経済発展の初期段階では国民が貧しいため、なかなか貯蓄されません。日本も、一九八七年までは貯金・貯蓄が奨励されました。たとえば、少額貯蓄の利子を非課税扱いとして優遇していました。いわゆる「マル優《ゆう》」制度です。

しかし、グローバル化時代、それらをあてにせずとも、外国から資金が集まってきます。中国が急速にテイクオフできたのは、アジア通貨危機後のまだ貧しい時に、日本、アメリカ、ドイツの余剰資金がいっせいに入ってきたからです。

そして二〇年後の二〇一八年、粗鋼《そこう》生産量で世界の半分を占めるまでになり、鉄鉱石、アルミニウム、鉄板は世界のトップクラスの生産量を誇ります。

国が豊かになる時は必ず、海外市場を必要とします。生産力をつけて輸出し、外貨を稼いで燃料（石油）を買うのです。現在、中国は過剰生産になっており、それを捌《さば》く輸出先を見つけなければなりません。その政策こそ、大経済圏を作ることを目的とした「一帯一《いったいいち》路《ろ》」です。また、経済圏を作るには、巨大な投資を行なう銀行が必要です。それが、二〇一五年に発足したＡＩＩＢ（アジアインフラ投資銀行）です。

いっぽう、アメリカのドル覇権を支えるのが、ＩＭＦと世界銀行です。その二つで、経済成長する国に融資します。新自由主義を信奉するアメリカ資本は、危機に陥った国に出資や融資をする条件として、資本の自由化や民営化など構造改革を迫ります。アメリカに有利なルールに変えるわけです。この同じ道を、中国もたどっています。すなわち、ＡＩ

ＩＢの投資先であるアジアやアフリカの国々で、中国の影響が強まっているのです。

相対的に見て、アメリカはやや下り坂、中国は上り坂です。中国は、アメリカ国債を大量に保有しています。アメリカの対中赤字が増えると、その分、中国はドルを保有し、そのドルは国債になります。そうなると、かつて橋本龍太郎首相が「アメリカ国債を売る誘惑に駆られる」と言ったように、中国も同じ立場になります。

国債は債務です。アメリカが債務者で、中国が債権者です。アメリカにとって、債権者が同盟国であり、安全保障をアメリカに依存している日本やドイツであれば、問題ではありません。しかし、中国はそれを戦略的武器として利用してくるでしょう。それを避けたいアメリカの思惑が、米中貿易戦争の背景にあるのです。

第七章

平成とは、どのような時代だったのか

「始まり」ではなく、「終わり」の時代――山口

平成という時代には、三つの側面があります。ひとつ目は「理想が終わった時代」、二つ目は「戦後が終わった時代」、三つ目が「発展が終わった時代」です。平成とは、新しいものが「始まった」時代ではなく、それまでのものが「終わった」時代というのが、私の実感です。

まず、「理想が終わった時代」について。

平成のスタートは一九八九年、ベルリンの壁が崩壊した年です。重苦しい冷戦が終わり、民主化、自由化が進展するだろうと明るい希望を持って、一九九〇年代を迎えました。国内でも、日本初の女性党首である土井たか子が率いた社会党が参議院選挙で躍進するなど、新しい時代の息吹《いぶき》を感じました。

いっぽう、一九九一年の湾岸戦争に始まり、ユーゴ紛争など、冷戦時代にはなかったタイプの地域紛争が続発。平和はまだ遠いことを感じさせました。日本では、自衛隊のPKO派遣という新しい課題が生まれ、世界の紛争にかかわらざるをえない時代になりました。

国内政治の面では、政治とカネを巡るリクルート事件、佐川急便事件があり、自民党の一党支配は一度崩壊しました。その反省から政治改革、政党再編などのチャレンジがあったのですが、結局は何も変わりませんでした。民主党政権は三年で終わってしまい、政治は元の木阿弥《もくあみ》になったというより、悪くなった感じさえ受けました。そのあとに来たものは、より大きな混乱でした。

このように、いったん盛り上がった理想は次々と崩壊し、やがて理想すら失いました。しかし、厳しい生活環境に置かれている現在の若者たちからすれば、それは「うたかたの夢」に見えるかもしれません。

戦後政治の終わり――山口

次に、「戦後が終わった時代」について。

戦後の終わりとは、単に終戦から六〇年、七〇年経ったということではなく、戦争経験を受け継ぐことが難しくなったということです。かつては、自民党にも戦争経験者が大勢いて、保守の立場で戦争に反対していました。二〇〇三年に引退、二〇一八年に亡くなった野中広務《のなかひろむ》が、その最後の世代です。彼らが完全にいなくなったことこそ、「戦後の終わり」なのです。

党内の世代が入れ替わると、実体験をともなわない机上《きじょう》の論理が跋扈《ばっこ》し、歴史修正主義に対する歯止めがなくなっていきました。いっぽう、社会党が事実上消滅し、戦争経験や国民の平和志向の感情に依拠していた革新勢力も解体してしまいました。

昭和の終わりも間近《まぢか》の一九八五年、中曽根康弘首相は「戦後政治の総決算」を掲げました。中曽根は、戦争経験者です。彼が政治活動を始めた動機は、アメリカの押しつけである憲法への反発です。それによって成立した戦後体制を変えるべく、「戦後政治の総決算」を標榜したのです。

同年、中曽根は靖国《やすくに》神社に公式参拝を行ないます。しかし、中国の反発があまりにも強く、また国際世論の批判も受けたことで、以降は参拝をやめています。一九八〇年代は、まだ戦後体制は強靭《きょうじん》だったのです。

戦後三番目の長期政権（当時）となった中曽根首相といえども、憲法九条の解釈を変えて、集団的自衛権の行使を容認することはできませんでした。自民党も、もちろん国民も許さなかったからです。中曽根政権から三〇年を経て、安倍政権で戦後政治の総決算ができつつあることを考えると、やはり戦後の終わりを思わざるをえません。

日本とアメリカの関係も、冷戦が終わったことで変わっていきました。

冷戦時代、アメリカにとって、日本はアジアにおける拠点であり、ソ連と対抗するうえで重要な地位を占めていました。アメリカにすれば、六〇年安保のような、憲法そのものを揺るがすような軍事化を日本に強く要求すると、国内で左翼勢力が力を持ち、日本が社会主義の側に寄っていくのではないかという恐怖がありました。

ですから、自民党が政権を維持できるように、保守層だけでなく、平和志向的な市民の支持もキープできる程度に、圧力を抑えていたのです。言うなれば、手加減していたわけです。沖縄の基地を自由に使ったにせよ、自衛隊は限定的なものとして留《とど》めておきました。ベトナム戦争の時にも、「自衛隊を出せ」とは言いませんでした。

しかし、冷戦が終わり、日本に社会主義の選択肢がまったくなくなると、アメリカの軍事的行動を手伝え、という圧力が高まります。その圧力は、小泉政権における自衛隊のアフガニスタン派遣、安倍政権下の集団的自衛権容認へと続いていくのです。

また、ソ連という敵がいなくなると、経済大国・日本がアメリカの新たな脅威となりました。安全保障の〝ただ乗り〟はけしからん。日本にもっと防衛面でカネを使わせろ、というわけです。それでも、日本には親米をやめる選択肢はありませんでした。

冷戦時代の紛争は、下手をすると世界戦争にエスカレートする危険性がありましたから、アメリカにも一定の理性が働いていました。しかし、一九九〇年代以降の地域紛争、あるいは九・一一以降のテロは、世界戦争に発展する可能性はほとんどありませんから、心置きなく軍事力を行使できます。アフガニスタンのタリバン政権やイラクのフセイン政権を倒すために、「日本も従来以上に軍事的にコミットせよ」という圧力が高まる展開は必然でした。

日本にすれば、冷戦が終わって、ソ連相手の世界戦争を心配する必要はなくなりましたが、限定的であっても、軍事力行使に対する障害や歯止めが低くなるという皮肉な結果が待ち受けていたのです。「憲法九条の下での自衛隊」という消極的な位置づけから、海外に自衛隊が出ていくことが、実態的にも制度的にも進んでいきました。

メディアの衰退――山口

最後に、「発展が終わった時代」について。

これは、経済の影響が政治に波及していることを表わしています。二〇一〇年、日本はGDPで世界二位、アジア・ナンバーワンの地位を失いました。すると、それに呼応《こおう》するかのように、自民党だけでなく、社会全体にみずからを慰《なぐさ》めるようなナショナリズムが頭をもたげてきました。

その傾向が顕著なのが、メディアです。出版不況に苦しむ出版業界では、部数が見込める保守的論調の雑誌や書籍が増加傾向にあります。また、新聞業界では、特オチ（他社が報じている大きなニュースを自社だけが落とすこと）を恐れるあまり、政権への追従《ついしょう》記事が目立つようになりました。安倍政権は、首相単独インタビューをメディア・コントロールの道具として巧みに利用しています。

また、放送法に縛られ、許認可事業でもあるテレビ業界は、その影響力を重視している官邸による厳しいチェックにさらされ、活発で健全な討論が姿を消しつつあります。往々《おうおう》にして、不景気になると内向きになり、排外主義的傾向が高まる傾向にありますが、経済力で日本を追い越した、あるいは迫りつつある中国・韓国政府への反感が、それに拍車をかけています。

日本経済の落日——水野

日本経済は、平成の三一年間で大きく変容しました。それを示すひとつの事例に、国民一人あたりのＧＤＰの推移があります。

一八世紀イギリスの経済学者アダム・スミスが『諸国民の富《ふ》（『国富論《こくふろん》』）』を発表して以来、国家は国富の増加を追い求めてきました。ＧＤＰは経済発展の尺度であり、国民一人あたりのＧＤＰは豊かさを象徴するものです。

国民一人あたりの名目ＧＤＰ（ドル建て）のランキング（ＩＭＦ調べ）において、日本はプラザ合意のあった一九八五年には世界で一四位でしたが、その後、円高とバブル経済で名目ＧＤＰも増加して、一九八八年にはスイスに次いで二位となりました。バブル崩壊後においても、一九九三年から一九九六年までは三位を維持していました。この間の一位がルクセンブルク、二位がスイスでした。スイスは人口八四二万人、ルクセンブルクは人口六〇万人ほどの小国ですから（いずれも二〇一七年）、事実上、日本が一位だったのです。

しかし、二一世紀に入ると下降線をたどり、二〇〇三年にはついにトップ10から陥落し、一二位に落ちました。二〇一七年には二五位まで下がっています。二〇一七年の一位はルクセンブルク、二位がスイスと一九九〇年代と変わらず、アメリカ八位、ドイツ一九位、フランス二三位、イギリス二四位となっています。アジア諸国では、シンガポール九位、香港一六位、韓国三〇位、中国七六位です。

「産業の米《こめ》」とも言われる半導体市場のシェアで見ると、日本は一九八六年から一九九二年まで世界市場の四〇％を握り、世界一でした。しかし、一九九三年になると、米州（南北アメリカ大陸）が世界一となり、二〇〇一年には韓国、台湾が急速に台頭して、アジア太平洋州が世界一となりました（WSTS〔世界半導体市場統計〕調べ）。現在、企業別に見ると、韓国のサムスン、アメリカのインテルの二強時代で、日本は東芝がかろうじて八位に入っているような状態です（二〇一八年）。

自動車生産も、日本は一九八〇年にアメリカを抜いて一位になると、一九九〇年代を通じて、その地位を保ちましたが、二〇〇九年には中国が日本を抜いて世界一となりました。二〇一七年時点で日本は中国、アメリカに次いで三位です。

経済成長は、科学と技術に支えられています。それを象徴するのが半導体と自動車であり、日本はともに世界一でした。また、国民一人あたりのGDPが事実上の一位になったことは、時代にもっとも適応した国が、日本だったことを示しています。それが一九九〇年代に入ると怪しくなり、国民一人あたりのGDPが凋落《ちょうらく》し、半導体と液晶テレビが韓国の、自動車は中国の後塵《こうじん》を拝するようになります。

このように、経済成長が終わったと感じられる現実が、平成の終わりになって次々と出てきました。つまり、科学と技術に支えられた、日本経済の成長モデルが終わったのです。

「進歩の時代」の終わり──水野

近代以降、「科学に裏づけられた技術を駆使することで進歩できる」ことを、誰もが信じて疑いませんでした。人間は近代になると、進歩によって自然を操作できると考えるようになり、挑《いど》み続けます。古代・中世において、自然は人間の手では変えられないとされていましたが、科学と技術で人間が支配・管理しようとしたのです。戦後の日本は、特にその傾向が強かったように思います。

その結果、起こったのが、二〇一一年三月一一日の福島第一原発事故の悪夢です。自然を支配してきたつもりが、自然に逆襲されたのです。同事故は、地震そのものではなく、津波に対する備えを軽視したことによって、大惨事となりました。

当初、原子炉建屋《たてや》の建設場所は、海抜三五mの台地に設定されていました。しかし東京電力は、原子炉建屋の建設コストや原子炉を冷やすための取水の容易さなどを考慮して、二五m削り、建設します。そこに、高さ一五mの大津波が襲ったのです。

原発の安全神話とともに、自然を操作できるという前提も崩れました。山口先生が指摘された「理想が終わった時代」とは、経済的には進歩の時代が終わったということでしょう。

今、株式市場では、コンピュータを駆使した超高速取引（高頻度取引）が拡大しています。ウォール街では、超高速取引が全取引の約六割を占め、東京証券取引所でも二〇一二年に処理能力が欧米並みになり、超高速取引のシェアが高まっています。

数ミリ秒（一ミリ秒＝一〇〇〇分の一秒）単位で巨額の売買が繰り返されることで、株価はしばしば乱高下《らんこうげ》します。つまり、一部機関投資家の短期利益追求の手段となって、株式市場を歪《ゆが》めているのです。

最新技術によって、一〇〇〇分の一秒で取引ができるようになったわけですが、はたしてこれは「進歩」なのでしょうか。

「成長の条件」の喪失——水野

経済成長とはつまるところ、機械化で一人あたりの生産性を上げることです。産業革命以降、機械による工業化をせずに、最初からサービス化で豊かになった国は皆無です。必ず工業化を経てから、サービス化に移っていきます。

私は、ブラジル、インド、ロシアなどの新興国が今後、工業化による発展は難しいだろうと見ています。なぜなら、現在、世界的に成長の基本的条件が消滅しつつあるからです。

日本とドイツの近代化は、一九七三年の第一次オイル・ショックの前におおむね機械化を終えていました。安価な化石燃料を必要なだけ使って、機械を動かすことができたのです。機械は動かせば動かすほど、かつ経済が未成熟であればあるほど、生産性は上がります。

生産性は、資本装備率（労働一単位に対する資本の割合）ではかることができます。資本装備率が高いほど生産性は高くなりますし、資本装備率の上昇は、生産力の増大を意味します。そのためには資本投下が必要となり、資金需要が高まります。発展途上国で金利が高くなるのは、そのためです。

いっぽう、日本とドイツはともにゼロ金利です。これこそ、完全に機械化を終えていることの証《あかし》です。なぜなら、これ以上資本を増やさなくてもいいことを示しているからです。

機械はエネルギーなしでは無用の長物《ちょうぶつ》です。エネルギーのなかでも、とりわけ石油、天然ガスなどの化石燃料は、必要な時に瞬時に必要な出力を出すことができます。太陽光発電や風力発電など、自然エネルギーは風まかせ天候まかせで、現在の技術水準では瞬時に強力なパワーを出すことができません。つまり、化石燃料こそが経済成長の条件なのです。

その化石燃料は、あと三〇〜五〇年ほどで枯渇《こかつ》すると言われています。二一世紀に入って、大規模油田の発見は、二〇〇七年に発見されたブラジル沖の海底油田以外にないからです。沿岸から三〇〇km、水深数千mのところにあるため、掘削《くっさく》は困難を極めます。仮に掘削が可能になったとしても、その掘削や輸送に大量のコストがかかるため、割高になってしまいます。

化石燃料は前述のように、約三億年前から六五〇〇万年前に繁殖していた海洋生物の死《し》骸《がい》や植物が地中に埋もれて生成されたものです。石油は、古代からその存在を知られていましたが、大量に消費されるのは一九世紀以降です。石炭も古代より細々《ほそぼそ》と使われてきましたが、大々的に使用されるのは一八世紀の産業革命以降です。つまり、三億年分のストックを、わずか数百年で使い切ってしまうことになります。

つまり、成長の条件がなくなってきているわけです。

エネルギーの壁——水野

現在、エネルギー問題の研究者に注目されているのが、「ＥＲＯＩ（エネルギー収支比）」です。

エネルギー収支比とは、投入エネルギーの一単位に対して、何単位のエネルギーを獲得できるかを表わす指標で、この値《あたい》が大きいほど自由に使えるエネルギーが多くあることを示しています。具体的には、原油を取り出すのに費《つい》やすエネルギー単位と、取り出された原油の単位が同じであれば、エネルギー収支比は一になります。

油田は開発当初、油層の内部圧力が高いため、全体量の約四割は自噴します。圧力は次第に弱まるため、水やガスを油層に注入して加圧して、残りを取り出します。二〇世紀初頭に発見された大規模油田からは、一単位の原油を投入して採掘すれば、一〇〇単位の原油が獲得できました。そのうち一単位だけを、次の採掘のために確保しておけば、残りは自由に使うことができたのです。すなわち、九九％は自由に使えたわけです。

これが一九七〇年代になると、一単位の投入で採掘できる原油は三〇単位に下がり、二〇〇〇年には一〇単位程度まで低下しました。この時、自由に使えるエネルギーは九〇％

になります。

大ざっぱに言えば、エネルギー収支比は一〇〇でも一〇でも大して変わりありません。利用率が九九%から九〇%に下がるだけだからです。しかし、一〇を切ると大変なことになります。利用率が急速に低下するからです。

エネルギー収支比はエネルギーを採掘した場所で測りますから、そこから消費地にエネルギーを使って運んでくると、さらに下がります。エネルギー収支比が三まで低下すると、利用率は六七%になり、事実上、油田に原油やガス田に天然ガスがあっても利用できなくなるのです。

陸から遠く離れた海底油田のエネルギー収支比は一〇を切っています。シェールオイルは三〜五単位にすぎませんし、常に圧力をかけて塊《かたまり》を溶《と》かし続けないと、地上に取り出せません。技術の発展によって、掘削は可能になりましたが、採掘にかかるエネルギーも増大しているのです。

今でも、原油はペットボトル飲料よりもはるかに安いのですが、戦後から一九六〇年代までの世界経済を支配したセブンシスターズ（石油メジャー七社）の全盛期、原油価格は一バレル＝二〜三ドルでしたから、当時はそれこそ空気や水のように使われていました。この低価格は、エネルギー収支比が高いから成立したわけですが、この時期に機械化を進めたのが日本とドイツなのです。

近い将来、石油は価格の問題ではなく、海底に原油があることはわかっているが、採掘して消費地に運んでくることができるかどうかの問題になるでしょう。海底深くに原油や天然ガスを求めれば求めるほど、採掘のために必要なエネルギーは多くなるため、原油価格の引き上げでは解決できない問題が起きるのです。これが「エネルギーの壁」です。

石油の終わりが見えると、最大の産油国・サウジアラビアは輸出を止めて、国内で全部使うようになるかもしれません。そうしなければ、国家体制を維持できないからです。すると、日本をはじめとする石油輸入国は、石油が手に入らなくなります。それは、化石燃料に依存して発展してきた近代社会の終わりを意味しています。

「カネ余り」と経済の成熟――水野

歴史を繙《ひもと》くと、社会が大きな転換期を迎える時には、カネが回らなくなる現象が起こります。

一六世紀、スペインに支配されていたイタリアが、まさにそうです。イタリアでは、当時の最先端産業かつ高利潤産業であるワイン産業に投資するため、国土の多くをぶどう畑にしていました。やがて、山の頂上までぶどう畑になるほど、投資は行き渡ります。

一六世紀半ばになると、イタリアはほぼ全域をスペインの支配下に置かれるようになります。ヨーロッパ経済の中心が、それまでの地中海沿岸から大西洋岸に移り、イタリア経済を支えていた地中海貿易が沈滞します。

しかし、イタリア経済は旧態依然で、ワイン産業を拠《よ》りどころにしていました。それなりに収益を上げていましたが、前述のように国内の投資先がなくなり、物価が下落し、長期金利は一%台前半まで低下しました。そこに、南米の資源を独占したスペイン経由で銀が流入。カネ余りが加速します。イタリアは、それを内部留保として積み上げます。経済が成熟すると、「カネ余り」「ゼロインフレ」「ゼロ金利」が同時に生じるのです。

スペインは当時、領土拡大を求めてポルトガル、フランス、オランダ、イギリス、オスマン帝国などの国々と戦争をしていましたが、戦費がかさみ、財政破綻を繰り返していました。スペインを支援するイタリアは、自国も脅《おびや》かされかねない先行きの不安に備えたわけです。

一五八八年、スペインは世界に誇る無敵艦隊《アルマダ》がイギリスに敗れ、急速に衰退が進みます。イタリアは政治的にも経済的にも停滞。そして、一七〇一～一七一四年のスペイン継承戦争で、事実上スペインに替わってイギリスが、ヨーロッパと新大陸での権益と領土を拡大していくのです。

いっぽう、イタリアと同じく、スペインの支配下にあったオランダは一五六八年、オランダ独立戦争を起こし、一六四八年のウェストファリア条約で連邦共和国として独立します。この間、オランダは積極的に海外進出し、一六〇二年に世界初の株式会社となるオランダ東インド会社を設立して、輸入品をヨーロッパ各地に輸出する中継《なかつぎ》貿易で、世界経済の覇権を握るのです。

その二年前に設立されていたのが、イギリス東インド会社です。こちらは航海ごとに出資者を募《つの》り、その売上すべてを出資者に分配する方法でした。しかし、これではオランダが採用する、利潤を内部留保として蓄積し、巨額の再投資ができる株式会社に太刀《たち》打ちできません。

さらにオランダは、自国の造船業の隆盛を背景に、ヨーロッパ各国の輸送を請《う》け負い、海運業によって膨大な輸送手数料収入を得ることに成功します。首都アムステルダムは、世界金融の中心地になりました。オランダは帝国主義から共和政に政体を変え、イギリスとともに、世界各地から富《とみ》が集まってきました。近代化という新しい経済メカニズムで、新しい国をつくったのです。これも、イタリアとは対照的です。

オランダとイギリスが、イタリアやスペインに替わって世界のリーダーとしての地位を獲得できたのは、領土拡大によって富を蓄積する方法にこだわることなく、近代経済システムを構築したからです。今の日本が学ぶべき点もここにあります。

資本主義からの卒業——水野

このように、平成という時代を経済から見れば、「ゼロインフレの時代」「ゼロ金利の時代」と言うことができます。ゼロ金利については前述しましたが、ゼロインフレとは物価上昇率ゼロのことです。

二〇一三年、日銀は消費者物価上昇率を年二％にするというインフレ目標を掲げました。消費者物価指数は一九九九年から前年比でマイナスに転じています。二〇一八年は年一・〇％増（総合）ですが、消費者物価のピークだった一九九八年の物価水準を二〇年後の現在、わずか一・二％上回っているにすぎません。

この二〇年間、年平均で消費者物価は〇・一％増ですから、ゼロインフレが実現しています。言わば、消費者は物価変動を気にすることなく、必要な時に必要なモノ・サービスを購入すればいいのですから、望ましい経済状態が実現したことになります。

消費者物価が対象とする品目よりも対象範囲が広いＧＤＰデフレーターは、一九九四年からマイナスに転じています。ＧＤＰデフレーターとは、名目ＧＤＰから、実質ＧＤＰを算出するために用いられる物価指数のことで、一般物価の変動を表わしています。

日本の実質ＧＤＰの成長率は、一九五〇年代半ばから一九七〇年代前半までの高度成長期には約九％に達していました。その後、一九八一〜一九九〇年までは年平均で三・九％成長と、安定した成長を続けます。しかし、一九九〇年代以降、二〇一七年度までの平均成長率は一・〇％増と、一段と増加率が鈍化《どんか》しました。

いわゆるバブル崩壊後の低成長を「失われた二〇年」と言いますが、この表現は適切ではないと思います。「次の時代」を迎える準備期（近代を卒業するため）とすべきなのですが、政府はそのように認識していないようで、「成長」によって低成長を脱しなければと考えているようです。現在の低成長は、日本経済の「停滞」とは必ずしも言えません。むしろ、日本経済の「成熟」と見るべきです。

二〇一六年、ジャネット・イエレンFBR議長（当時）は、世界経済が「低金利・低インフレ・低投資・低成長」にあることを「ニュー・ノーマル（新常態）」と肯定しています。二〇〇九年以降、EUの消費者物価上昇率は年平均一・二％（IMF調べ）と、インフレ率も低下しています。グローバル化によって、新興国の物価は引き上げられますが、同時に先進国では押し下げられ、物価が均衡化されてきているからです。日本も、途上国の物価に影響され、物価の上昇は難しくなっています。

ところが近年、中国や東南アジア諸国でも、インフレ率が下がっています。世界的な低成長期に入っていると見ていいでしょう。となれば、日銀が異次元の金融緩和を続けても、インフレ率二％の達成は無理だと思います。イエレン議長は低金利、低インフレが二ユー・ノーマルと言っているのですから、黒田日銀総裁が「オールド・アブノーマル」なのです。

資本主義とは資本を永続的に自己増殖させるシステムであり、その増殖率が利子率ないし利潤率です。利子率がゼロになるのですから、資本が増殖できないことを意味しています。つまり、日本はもう資本主義を卒業する時期に差しかかっているのです。それを日本政府は「成長、成長」と叫んでいるわけですから、世界の問題児となっているのです。

第八章

これからの一〇年

小選挙区制が政治家を変えた――山口

平成の三一年間で、戦後の政治、経済、外交、安全保障など、さまざまなシステムが転換しました。その結果出現したのが、無力感と不安感、そして憤《いきどお》りが蔓延《まんえん》する、格差と分断の社会です。加えて財政危機、人口減少などの諸問題が深刻化。足元には高齢化、少子化による労働力不足、非正規雇用の増大、上がらない賃金、年金不安といった、今日・明日の生活にかかわる課題が積み上げられています。

これらに対し、政治は有効な手立てを打ち出せていません。少子高齢化問題は、すでに平成初期に指摘されていましたが、小手先《こてさき》の弥縫策《びほうさく》に終始していました。たとえば少子化対策なら、思い切って、保育所の増設と保育士の待遇改善に予算を注ぎ込むべきですが、その施策はいかにも中途半端で、効果を上げていません。

平成という時代が残した、これら負《ふ》の課題に、日本はどう向き合っていくのか。経済政策をはじめ、政治の意思決定の先送りはもうできません。日本は現在、まさに国家の浮沈にかかわる大転換期を迎えているのです。進むべき針路を急ぎ定める必要があります。本書の締めくくりとして、「日本の大選択」「日本の大決断」にまで踏み込んで、水野先生と論考を深めていきます。

平成の政治では、きちんとした「意思決定」ができませんでした。また、政治家が論理立てて未来を語らず、国や社会の近未来図を描こうとしなくなりました。それはなぜか。

私は、国会が熟議の場でなくなったからだと見ています。これは、明らかに小選挙区制の弊害です。自民党では中選挙区制から小選挙区制に変更後、選挙の公認、政党助成金の配分、政策の決定権が、党首および党執行部の下に過度に集まるようになりました。その結果、議員たちがイエスマンばかりになってしまったのです。

また、第六章で紹介した『民主主義の死に方』が指摘する「相互的寛容の喪失」も、その一因です。政権転落の恐怖から、選挙に勝つために、熟議を重ねた政策論争から離れて、敵か味方かで野党を過剰に攻撃するようになりました。野党を、政党政治や民主政治を支えるパートナーと見ようとしなくなっているのです。

しかし、小選挙区制を、与党の政治家が変えることは今後、数十年ないでしょう。小選挙区制は選挙区が狭く、カネもかかりません。また、別な党の候補だけでなく、同じ党の候補とも戦う中選挙区制では、候補者に独自性が求められましたが、小選挙区制での

「敵」は、別な党の対立候補のみ。彼（彼女）を攻撃すればいいわけです。

つまり、今の与党の政治家にとって、小選挙区制は楽なのです。彼らに、これを変えるインセンティブはまったくありません。

安倍首相は、それほど国民的人気があるわけではありません。そこが、小泉元首相と違います。それでも、安倍一強となるのは、小選挙区制だからなのです。

ポスト安倍を占う——山口

新時代の最初の国政選挙は、二〇一九年七月に行なわれる参議院選挙です。そこで、自民党が大敗を喫すれば、安倍首相の退陣もありえますが、現在の政治状況、特に国民民主党や立憲民主党の支持率を見ると可能性は低いでしょう。

しかし、安倍首相の自民党総裁としての任期は二〇二一年九月までですから、その時、必然的に首相も辞任します。ですので、二〇二〇年七月開催の東京オリンピック・パラリンピック大会が終われば、ポスト安倍の動きが表立ってくると思います。今後の国政選挙で自民党が勝てば、さらに安倍首相の任期を延長しようという声も出てくるかもしれませんが、自民党の支持者のなかでも、安倍首相に飽《あ》きたという声を聞きます。

では、ポスト安倍は誰か。

残念ながら、私には、後継を狙う政治家の顔がまったく浮かんできません。現在、国民に将来の首相と期待されているのは、小泉進次郎《しんじろう》一人だけ。それだけ、自民党は人材が払底《ふってい》しているわけですが、それは野党も同じです。その小泉は二〇一八年の自民党総裁選で、最終的には安倍首相の敵・石破茂《いしばしげる》に票を入れながらも、事前には支持を表明しませんでした。改革派のポーズを見せながら、保険をかけたのです。

私が憂慮するのは、日本の政治に参加する人、つまり選挙で投票行動を取る人の減少です。一〇代、二〇代の人たちが、政治に関心があるとはとても思えません。新聞の購読率は電子版を含めても、世代別で最低を争っています。テレビのニュース番組も若年層の視聴率が低い。世の中のしくみをみずから考えて、投票で変えていく、という発想を持たない「消極的無党派層」の増加に、危惧しています。

こうして、政治に参加する人のパイが縮むなか、保守層は常にマジョリティのままなのです。安倍政権下の国政選挙の投票率は、常に五〇％台前半。そのうち、五割弱の票を自民党が獲得しています。だから、自民党が圧勝する構図が変わらないのです。

無党派層、無関心層が動かなければ、大きな風は起こりません。未来を語らない政治家、政党間の相互的寛容の喪失、無関心層の拡大……今、日本の政党政治が危機を迎えています。

世界一の借金国の国債が安全なワケ——水野

これからの一〇年——ということですが、財政危機の問題から述べていきましょう。

一九九九年、小渕首相が「世界一の借金王」と自嘲して以来、国と地方の公的債務は膨らみ続け、二〇一八年には一三二七兆円に達しました（ＩＭＦ「世界経済見通し」二〇一八年一〇月より）。これはＧＤＰ比二・四倍であり、二〇一一年以降、世界一位です。以下、二位ギリシャ、三位バルバドス、四位レバノン、五位イタリアと続きます。

ギリシャは二〇一〇年にＥＵやＩＭＦから金融支援を受け、その代わりに増税や歳出削減を強《し》いられました（現在は金融支援終了）。イタリアは、ギリシャの二《に》の舞《まい》を警戒するＥＵから、緊縮財政を促《うなが》されています。

日本がギリシャやイタリアのようにならないのは、第六章で述べたように、国債の保有者の九割弱が日本の銀行や生保など、国内勢だからです。外国人投資家は一一・六％にすぎません（日銀「資金循環統計」二〇一八年九月末より）。ギリシャの場合、国債の七割をギリシャ以外のヨーロッパの国々が保有していました。

国債には、償還期限が一年以内の短期国債、五年以内の中期国債、一〇年以内の長期国債、一〇年以上の超長期国債の四種類があります。

一九九〇年以降、外国人投資家は、日本の借金比率が異常に高いことから、値崩れを期待して、一〇年物などの長期国債の空売《からう》りを何度も仕掛けました。しかし、日本の銀行と生保の壁は厚く、かつ高いので、外国人投資家は連戦連敗しています。一九八〇年には、一〇年国債（一九七八年発行の表面利率六・一％のいわゆる六・一国債）が七〇円台に下がったことがありますが、これは一九七九年の第二次オイル・ショックによるインフレに対応するために、日銀が利上げをしたことが原因です。

外国人投資家は現在、長期国債には手を出しません。超低金利では投資にならないからです。彼らが保有するのは短期国債ばかり。これは、利回り（利息の元金に対する割合）

ではなく、円高差益を期待しているのです。短期国債は値動きが小さいため、市場への影響はほとんどありません。

国債は安全資産です。国が破綻しないかぎり、償還されるからです。借金がGDPの二倍以上の一三〇〇兆円もあるのに、日本国債には一定の信用力があります。それは、なぜかと言えば、日本国債は、日本の家計と企業の預金を元に発行されているからです。そのことは、経常収支が黒字であるということに表われており、その結果として対外純資産が積み上がっているのです。

経常黒字は、政府、家計、企業の各々の貯蓄・投資バランスの合計、すなわち国内貯蓄・投資バランスを表わしています。財政（政府）は貯蓄不足（財政赤字）でも、企業と個人を合わせた貯蓄超過額が政府の財政赤字を上回っていれば、その差額が経常黒字となっている。つまり、国内のあらゆる負債を吸収しても、余りある貯蓄が生まれているわけです。

ただし、外国人の長期国債の保有比率が上がった場合、状況が一気に変化します。具体的に何割以上が危険であるという理論的な数字があるわけではありませんが、三割を超えてくると危険水域だと思います。外国人投資家が仕掛ける売りに、日本の銀行や生保が耐えられなくなるからです。

そうならないためには、経常黒字を続けることが絶対条件です。経常黒字のためには、何度も繰り返しますが、自動車産業で貿易黒字を稼ぎ出すことが必要です。

日銀は「異次元金融緩和」政策によって国債の大量購入を続けており、現在、ストック（保有高）は四七八兆円に達しています（日銀「資金循環勘定」二〇一八年一二月末）。日銀が国債を大量に買い入れているから国債の金利は上昇しにくい——と一般的に考えられているようですが、そうではないと思います。金利は実体経済を映《うつ》す鏡であり、ゼロ成長が長期にわたって続くと多くの投資家が予想しているから金利がゼロになっている——と考えるべきでしょう。

一三〇〇兆円を債務と考えない!?——水野

では、一三〇〇兆円の国と地方の債務は、どうすればいいのか。

たとえば、一三〇〇兆円を、国民の日本株式会社への出資金と考えてみたらどうでしょう。銀行も生保も、国民が預けたカネで国債を購入しています。ということは、国民は間接的に国債を購入していることになります。金利がゼロか、かぎりなくゼロに近いゼロ金利なので利息はないに等しいのですが、まあまあ豊かな生活やサービスを享受しているのですから、一三〇〇兆円は事実上の出資であると発想を変えてみるのです。

今後もゼロ金利が続くとすれば、日銀が保有する四七八兆円の国債の利払いはゼロに近づいていきます。二〇一八年度予算における国債費（国が負担する債務償還費や利払い、経費など）は二三・三兆円で、そのうち一〇兆円弱が利払い費です。今はまだ昔の二％、三％の利払いが必要な国債が残っていますが、二〇〇八年からゼロ金利になっており、この一〇兆円は徐々に減っていきます。

返済は六〇年償還ルールにより、一〇年物なら一〇年ごとに六分の一ずつ返していきますが、借り換えというかたちを取って行ないます。借り換えを続けて、債務を出資と見なすのです。出資に対する配当は、社会保障というサービスになります。

問題は、逆累進性の強い消費税の増税ばかりが議論されていることです。第四章で述べたように、法人税を下げたところで、企業の利益は内部留保に回され、賃金には反映されません。現在、日本企業には約四五〇兆円もの内部留保があり、個人金融資産も一八六〇兆円まで膨らんでいます。財政赤字の穴埋めに消費税増税を充《あ》てる前に、時限立法でいいので、金融資産課税を行なうことを提案します。

企業が生み出した付加価値に対する労働者の報酬割合を「労働分配率」と言いますが、労働分配率は一九九九年度をピークに下降傾向にあります。その下がった分を、資産課税というかたちで還元するわけです。もちろん、危機対応のために内部留保は必要ですが、四五〇兆円の半分弱二〇〇兆円超は余分です。そして、一年に一〇兆円ずつの分配政策をすれば、二〇年の時限立法で相当なことができるはずです。

個人金融資産や住宅・土地の相続によって生じる相続税は、わずか二・二兆円（二〇一九年度予算）にすぎません。一億円以上持っている人からは五〇％の相続税を課せば、向こう二〇年間での使い道はかなり広がります。

法人税を下げて企業の国際競争力を高めると言っても、国際競争力は経営者の先見性や技術力、マーケティング力など別な要素で決まりますから、国家の財政を健全にすることで分配機能を高めていくことのほうが、多くの人たちに益《えき》をもたらすはずです。就職氷河期（一九九三～二〇〇五年）を経た世代では、今も非正規雇用で働いている人が多い。彼・彼女たちに一時金でも、プラスアルファの年金でもいいので、分配すべきなのです。

AI失業者への〝手切れ金〟——水野

AIの急速な発達により、職場環境の激変や職を失うことが盛んに議論されています。野村総合研究所とオックスフォード大学の共同研究によれば、二〇三〇年頃には日本の労働人口の四九％が自動化される可能性があるそうですが（「朝日新聞」二〇一九年一月三日）、私もAIによる失業、いわゆる「AI失業」は起こりうると考えています。

これまで、技術革新による工場の無人化など、機械が人間に代わった例は多々《たた》あります。その際、機械が肩代わりしたのは主に筋肉労働でしたが、AIは人間の頭脳を置き換えるわけですから、ホワイトカラーへの影響が大きいでしょう。

フランスの哲学者パスカルは「人間は考える葦《あし》である」との名言を残していますが、来《きた》るAI社会は「もう考えなくていいよ」という人を、増やすことになるのかもしれません。機械が筋肉労働をする場合、コンピュータ制御室にいる人間が監視をしていました。

しかし、ＡＩ社会では、それさえも人間はしないことになるでしょう。

ＡＩを成長の切り札にしようと考えている人たちは、「考えない人」は社会にとって不要だと言い出しかねず、一級市民と二級市民に選別するようになるかもしれません。かつて、その選別基準は能力や、それにもとづいた地位・財産でしたが、今後は「考えてほしい人」と「考えなくてもよい人」になるわけです。民主主義にとって大きな脅威になるのではないか、と危惧します。

このようなＡＩ失業に備えて、リフレ派（ゆるやかなインフレが経済成長をもたらすと考える人々）を中心に「ベーシック・インカム（ＢＩ）」構築の主張がなされています。ＢＩとは、政府が国民に対して、最低限の生活を送るために必要な現金を定期的に支給するというもの。二〇一七年、フィンランドでは、無作為に選ばれた二〇〇〇人の失業者に月額五六〇ユーロ（約七万円）を支給する実験を行ないました（二〇一八年一二月、実験中止）。

ＢＩ推進論者は、「ＢＩは生活保護と異なり、働いても給付が減らない」と言いますが、私に言わせれば、これは〝手切れ金〟です。一律に支給するから、「あとは病気になろうが面倒見ないよ」ということでしょう。これでは、ますます社会を分断していくだけです。何よりも、それによって消費が進み、経済が回り、国が豊かになるとはとても思えません。

「ＡＩを導入する」と言うと、さも最先端であるかのように聞こえますが、非効率を全部、人間のせいにする経営者のほうがおかしいのです。仮にそうであるなら、経営者もＡＩと交替したほうがいい。そのほうが効率的ですし、ＡＩはけっして平均的年収の二〇〇〜三〇〇倍といった法外な高給を要求しませんから。

ＡＩによって社会はどう変わり、どう対処していくか。政治家はきちんと説明すべきです。

防衛費は、アメリカのご機嫌しだい――山口

これからの一〇年、安全保障には引き続き、緊張感が漂《ただよ》うことが予想されます。特に、安全保障の根幹である日米関係において、トランプが大統領であるかぎり、不安定を余儀なくされるでしょう。

日本を取り巻く近隣諸国との関係が安定していく、という見通しもありません。中国の

膨張に対して、日本は単独で対処できませんから、日米安保体制の下、アメリカと一緒に対抗していく、という構図が続きます。

米中の争いは、かつての米ソの冷戦とは異なります。冷戦時代、資本主義圏と社会主義圏は、経済でかかわることはありませんでしたが、現在のアメリカと中国は経済的に結びついています。たとえば、ｉＰｈｏｎｅはアメリカ企業アップルの製品ですが、日本や中国で部品供給・製造が行なわれています。

ですから、米中はテーブルの上で喧嘩《けんか》しながらも、テーブルの下では握手するということも考えられます。狡猾なアメリカは、表《おもて》では緊張を煽《あお》って日本に大量の武器を買わせ、自衛隊を米軍のしもべとして使う戦略を展開してくるかもしれません。

一九六五年、国会で日米安保条約について見解を問われた椎名悦三郎《しいなえつさぶろう》外相は、「アメリカは日本の番犬です」と答えました。野党議員から攻撃されると「番犬さまです」と訂正しました。今は逆に、日本がアメリカの傭兵《ようへい》になっています。

北朝鮮のミサイル・核の問題が解決されたとしても、日本と韓国、北朝鮮との関係はまったく改善される希望がありません。歴史問題が常にトゲになるからです。

平成のはじめには、戦争を経験した政治家がおり、彼らが天皇訪中のお膳立てをするなど、当時の日中関係は良好でした。しかし、両国ともに、戦争を知らない政治家が増えると、ナショナリズムがぶつかるようになります。このような風潮では、融和を求める政治家は弱腰と言われるため、やりにくくなります。

ロシアについては、北方領土の問題がどこまで進むかはわかりませんが、「四島返還」と、いつまでも実現不可能なことを言い続けるのではなく、現実的に「二島返還」で手を打ち、ロシアとの間で領土問題を解消するのが、政治的な見識だと思います。

防衛費については、アメリカとの関係で増減することになるでしょう。軍事的観点だけでは、防衛費が決められない時代です。アメリカとの関係を保つために、もっと言うならアメリカのご機嫌を取るためにカネを使う、つまり政治的観点で防衛費が決まるのです。

もちろん、これで経常黒字を吐き出したのでは、日本の財政にストレートに効いてきますから不可ですが、この匙《さじ》加減が、時の政権に求められます。このように見ていくと、残念ながら、日本はアメリカの属国状態のままであり、そこから〝独立〟することはむずかしいと言わざるをえません。

官邸主導の本質は、官僚の権力闘争——山口

官僚機構の崩壊が止まりません。今の、東大法学部を出るような優秀な人は、世のため人のために官僚になるのではなく、自分のカネのために外資系金融機関や大きな法律事務所に就職します。

もう、中央省庁に優秀な人材が行く時代ではありません。その意味では、日本の近代は完全に終わったのです。近代の発展途上国は、政府にエリートを集め、さまざまな政策を作り、上からの近代化をはかってきましたが、日本はその段階を過ぎています。

確かに、国会に証人喚問や参考人招致で呼ばれる官僚を見ていたら、行きたいとは思わないでしょう。あの程度の人たちしかいなくなったというのは、ショックですね。

小泉政権以降、クローズアップされた「官邸主導」は、首相なり官房長官の能力や政治的資質にもよりますが、実際のところは、警察庁と経産省の官僚がかなりの部分を取り仕切っています。そこでは、財務省や外務省は抑え込まれている。

つまり、官僚間の権力闘争が、官邸主導というかたちを取って現われているだけなのです。今後、財務省あたりが巻き返しをはかってくるかもしれません。

グローバル化と民主主義の不適合──山口

グローバル化と政治の関係についても、触れておきます。

第二次世界大戦後、四〇年ほど、それはグローバル化の手前の段階ですが、先進諸国の政治は比較的安定しており、一国単位の民主主義と国内での再分配は、うまく嚙《か》み合っていました。しかし一九九〇年代以後、それが崩れていきます。

新自由主義的な政策によって、「一人勝ち」経済ができ、そこから取り残された多くの人々はどんどん追いつめられていきました。彼らは世界各地で、異議申し立てを行ないます。

アメリカでは、ラストベルト（中西部から北東部の重工業や製造業が衰退した工業地帯）の白人労働者の怒りがトランプ政権誕生の原動力となり、イギリスではブレグジットが起きました。ドイツでは反移民の右派ポピュリズムが台頭し、イタリアやスペインでは左派ポピュリストが登場しています。フランスでは、燃料税の増税への反対デモは暴動にまで発展しました。

このように、左右両側から、現状に対する不満をぶちまける運動は出てきましたが、それは安定的な政治システムを作る源《みなもと》にはなりません。政党も、人々の不満を一時的に吸収して生まれては消えいく存在で、威信や魅力を失っています。ですから、今後も、民主主義にとっては困難な時代が続くでしょう。

グローバル経済を象徴するのが、巨大な金融資本とIT企業です。その多くは、巧妙に巨額の節税をしています。フランスの暴動の背景には、彼らへの怒りがあるのです。ですから、国際的ルールを作ってタックス・ヘイブンをなくし、公平な富《とみ》の再分配を、各国が協調しながら追求できるようになれば、世界は安定に向かっていくと思います。

経済は政治の下部構造であるとの指摘がありますが、経済的な前提条件が崩れると、いかに民主主義が脆《もろ》いかを痛感させられます。一九三〇年代、世界大恐慌のあとにドイツや日本でファシズムが出現したのは、必然だったのかもしれません。歴史は繰り返します。今、日本も世界もそういう局面にあるのです。

経済的不安定を動機にした政治運動には、暴動といった有害なものが多いように感じます。概して、日本人はおとなしいので、街頭に出て放火をしたりはしませんけれど、今後はわかりません。すでに、ヘイトスピーチなどの右翼的運動も出てきていますし、これから移民が増えてくると、無秩序な状態に陥る可能性もあります。

ですから、自由、寛容、博愛などの価値観を、学校教育やメディアで意識的に強調していかなければなりません。

少子高齢化、人手不足の解決策――水野

人口減少と少子高齢化が経済に与える影響について述べてみます。

日本では戦後、人口が急増しました。高度成長期には、住居建設が間《ま》にあわないほどでした。それでも、人口増による需要の拡大で、経済成長の恩恵を受けました。

バングラデシュやスリランカのように人口が異常に増加すると、通常、国は貧しくなります。しかも、一億人以上の人口がありながら、資源がない、国土が狭いという条件で豊かになったのは日本しかありません。つまり、日本だけが唯一の例外であり、今はその是正の時期なのです。

二〇一八年、IMFは、日本の実質GDPは四〇年後に二五%減、人口は八〇〇〇万人になるとの予測を出しました（IMF「年次審査報告書」二〇一八年より）。人間が自然を操

作できないということが三・一一でわかったように、政府が望むとおりに出生率を操作することはできません。化石燃料がなくなるのを受け入れるのと同じく、人口が八〇〇〇万人になるのも、実質GDPが五三四兆円（二〇一八年）から二五％減少して四〇〇兆円になるのも受け入れるしかないのです。

だからと言って、悲観的になる必要はありません。IMFの見通しでは、人口が3分の1減に対して、実質GDP（＝所得）は二五％しか減らないのですから、一人あたり実質所得は八％増えることになります。

それでは、超高齢化で増え続ける社会保障費をどうするのか、と思われるかもしれません。これに対しても、私は悲観していません。

「生産年齢人口」とは、生産に従事する一五歳以上六五歳未満の人口のことです。この生産年齢をうしろにずらすのです。日本は平均寿命が高いだけでなく、健康年齢も上昇しています。これは、日本の強みです。その強みを生かして、二〇代後半までを教育期間にして、そこから七五歳までを生産年齢と考えるのです。

近代は詰め込みの教育でよかったかもしれませんが、これからはどんなことが起こるかわからないので、どのような時代になっても対応できるように、リベラルアーツを深める必要があります。大学では、せめて二つくらいは学位を取りたいものです。すると、四年十二年で、卒業が二四歳になります。さらに、高校も六年にすれば、二七歳で社会に出ていくことになります。

そして、学生結婚を奨励します。日本の初婚年齢は二〇一八年時点で、男性三一・一歳、女性二九・四歳です（厚生労働省「人口動態調査」より）。この年齢を下げることは、有効な少子化対策です。もちろん、キャンパス内には託児所を設けます。

その費用は、前述の分配政策による一〇兆円で賄えば、二〇年くらいは保てます。財政健全化は、累進課税強化と消費税の引き上げで対処していくのです。大学を無償化して学生寮や家族寮を完備すれば、十分にやっていけるでしょう。

七五歳まで働くというのは、定年ではなく、その年齢まで働きたい人が働くというものです。辞める、辞めないは働く人が決めるのです。辞表を出すことが、サラリーマンの唯一の特権です。労働力は商品になってしまったので、労働者の立場は弱くなっています。だから、七五歳まで辞表を出さないという選択肢を働く人が持っていることが、労働者の切り札になります。

もちろん、資産を持っている人は、六五歳でも、五〇歳でも辞表を出してもいいでしょう。これは、定年延長というよりも、働く期間をうしろにずらすという考え方です。したがって、前述のように、実社会への入口もうしろにずらすのです。働く期間だけ長くするのは、労働強化になってしまいますから。

このようにして、働き手が増えれば移民政策は必要ありません。また、人口が減るということは、人手不足になるのではなく、大量にモノを生産しなくていい社会になるということです。今はまだ二〇世紀型の大量生産・消費社会を踏襲しているので、食品ロスや空き家が増えたりしていますが、これからは人口減少とともに生産・消費を身《み》の丈《たけ》に合わせていき、均衡をはかるわけです。

日本再生に必要な二つのこと――水野

格差の象徴である「東京一極集中」は、今の経済体制を続けるかぎり、まちがいなく変わらないでしょう。はたして、このままでいいのか、それともこの状況を終わらせるべきなのか、国民一人一人が考えなければなりません。

エネルギー問題から見れば、「このままの東京」の存続は難しいでしょう。高層ビルは屋上もしくは、途中階に給水タンクを設置しなければなりません。また、窓が開けられないので二四時間、空調が必要です。深夜、誰も通らない廊下も空調しています。つまり、高層ビルはエネルギーの大量消費と無駄遣いで存在しているのです。このように、東京一極集中は、エネルギー問題の象徴的な現象でもあります。

しかし、エネルギーの大元《おおもと》である原油などの化石燃料や、原子力エネルギーに使われるウランなどの鉱物性燃料はストックですから、いつかは必ずなくなります。ただし、一日の使用制限がありません。対して、自然エネルギーは「再生可能エネルギー」とも呼ばれ、永久のエネルギーです。こちらは無限ですが、一日の使用量には限度があります。たとえば、夏の猛暑に供給力が需要に追いつかないなど、出力抑制が必要になります。

それでも、自然エネルギー、なかでも太陽光エネルギーに合わせた社会を作っていかなければなりません。日本は先頭を切って、近代化のゴールに飛び込んでいるのですから、化石燃料依存の脱却も先頭を切って、太陽光による新しいエネルギーステージを作り出すべきです。

日本は現在、これまで進んできた道を突き進むのか、まったく異なる道を探すのか、大きな分岐点に立たされています。後者を選ぶとすれば、まずなすべきことは、成長であゆることが解決できると信じる「成長教」を捨て、一六、一七世紀のオランダやイギリスのように、新しいシステムを構築することです。しかし残念ながら、私には、その具体像を描くことができません。

ただ、言えることは、これまでの「より遠くへ、より速く、より合理的に」を金科玉条《きんかぎょく じょう》とする思考を捨てて、「より近く、よりゆっくり、より寛容に」という思考に切り替えることです。この思考のうえに、具体的にどのような社会を構築するかは、これから試行錯誤しながら、社会実験をするしかないと思います。

それまでにやっておかなければならないことが、二つあります。ひとつは、財政の均衡をはかり、社会保障を含めてゼロ成長でも持続可能な財政制度を設計すること。もうひとつは、エネルギー問題の解消です。国内で安いエネルギーを自給することが大事です。新しいシステムの方向性が見えた時に、その阻害要因となる、この二つの問題を早いうちに片づけてしまうべきなのです。

本書の終わりに、平成という時代の歴史的意義を考えれば、生産力増強の時代が終わったことを確認する時代だったということになります。

平成の始まりはソ連が崩壊して、国民（軍部も含めて）の過剰な期待に応《こた》えるため、資本主義と社会主義の間で、生産力増強競争に決着がついた時でした。それは資本主義が勝利したかに見えたのですが、二一世紀の始まりとともに、戦後もっとも成長した日本とドイツがゼロ金利となり、そのままに平成が終わります。「利子生活者の安楽死」を迎えて、資本の増強ができないことが明白になったのです。近代以降続いてきた生産力増強の時代の終焉が、平成の終わりになって、資本主義社会でも確認されたことになります。

「平成」という時代は、「停滞」の時代ではなく「日本がはじめて世界史にメモリを刻《きざ》んだ時代」と、とらえるべきだと思います。これまでの世界史は古代ギリシャ以来、言わば西欧史のことでした。しかし、「平成」において、日本で画期的なことが起きたのです。

それなのに、「成長」によって停滞を脱《だつ》すべしと考えている人は、オランダの風車（近代のリーダーたるオランダの工業化を象徴）に、竹槍（中世社会において廃《すた》れた騎士道の象徴）

で戦いを挑むようなものです。来たるポスト近代は成長の時代ではないのに、廃れた近代の理念（成長）を、幻想のごとく追い求めているのです。

「平成」を画期的な時代として確固たるものにするには、まだやらなければならないことがあります。それは、近代の次に来るものは何かを、日本が世界に提示することです。日本から二一世紀のトマス・ホッブズやウィリアム・シェイクスピアが登場することを期待して、対談を終えたいと思います。

おわりに――資本主義は終焉しても、民主主義は終わらせてはいけない

水野和夫

平成の時代、日本経済は他の先進国に先駆《さきが》けて、ゼロインフレ・ゼロ金利・ゼロ成長の時代に突入した。世界を見れば、先進国の成長の減速と呼応するように、グローバリゼーションが地球のすみずみに浸透していった。

「成長があらゆる怪我《けが》を治す」という近代の価値観からすれば、グローバリゼーションこそが成長の切り札だったはずだが、先進国のみならず、新興国においても成長鈍化が著《いちじる》しい。リーマン・ショックが起きる前、FRBのグリーンスパン議長（当時）やアメリカの政治学者フランシス・フクヤマは、グローバリゼーションは中産階級を強化する、民主主義を世界に広めるなどと言ったが、平成が終わる現在、まったく逆の現象が起きている。

「成長」政策で怪我は治るどころか、ますます事態は悪化している。具体的には現在、世界各国の巨額の政府債務残高は膨らみ、格差拡大が貧困化を生んでいる。むしろ「成長」

政策は階級社会を招来しているし、オックスファム・レポートで明らかなように、富の集中が加速している。

一九三〇年代以降、近代経済学は「倫理」を扱わないとし、一九七〇年代になると、デヴィッド・ハーヴェイが批判的に述べているように、「新自由主義は、市場での交換を『それ自体が倫理であり、人々のすべての行動を導く能力をもち、これまで抱かれていたすべての倫理的信念に置きかわる』ものと評価し、市場における契約関係の重要性を強調する」(『新自由主義』)ようになった。

「経済学の父」と言われるアダム・スミスは道徳学、倫理学、法律学を研究したうえで『諸国民の富』を著《あらわ》し、それまでの国王の臣民《しんみん》から国民国家の市民へと解放する理論を打ち立てた。アダム・スミスから始まる古典派経済学は「政治経済学」であったのだ。

今回、若い時から第一線で活躍している政治学者の山口二郎先生と、「平成」とはどのような時代だったかについて対談した。痛感したのは、経済学はもう一度「政治経済学」に原点回帰しなければならないということ、資本主義は終わっても民主主義を終わらせてはいけないということである。

ゼロ金利で資本主義は終焉しても、それは希少だった資本が過剰になったことの証《あかし》であり、財・サービス・資産が満ち足りている日本やドイツは全体としては困ることではない。二一世紀の課題は分配問題である。それは、市場では解決できない。政治で解決していく以外に方法はない。そのためには、民主主義が機能していなければならない。

国際秩序に無関心なトランプ大統領の自国ファースト主義、ヨーロッパの極右政党の台頭などは、日本にとって対岸の火事だと思っていたが、官僚組織のなかでもっとも権力を握っている、あるいは握っていた財務省で文書改ざん問題が起きたり、沖縄の住民投票の結果を中央政府がまったく考慮しなかったりと、日本でも民主主義が危機に瀕《ひん》している。

山口先生との対談で、私を含めて経済学を研究している者は、政治学をはじめとして他の学問の成果を取り入れる必要があることを気づかされた。対談の相手に選んでいただき、大変感謝している。

二〇一九年四月

切りとり線

★読者のみなさまにお願い

この本をお読みになって、どんな感想をお持ちでしょうか。祥伝社のホームページから書評をお送りいただけたら、ありがたく存じます。今後の企画の参考にさせていただきます。また、次ページの原稿用紙を切り取り、左記まで郵送していただいても結構です。

お寄せいただいた書評は、ご了解のうえ新聞・雑誌などを通じて紹介させていただくこともあります。採用の場合は、特製図書カードを差しあげます。

なお、ご記入いただいたお名前、ご住所、ご連絡先等は、書評紹介の事前了解、謝礼のお届け以外の目的で利用することはありません。また、それらの情報を6カ月を越えて保管することもありません。

〒101-8701（お手紙は郵便番号だけで届きます）
祥伝社新書編集部
電話03（3265）2310
祥伝社ホームページ　http://www.shodensha.co.jp/bookreview/

★本書の購買動機（新聞名か雑誌名、あるいは○をつけてください）

＿＿＿＿新聞の広告を見て	＿＿＿＿誌の広告を見て	＿＿＿＿新聞の書評を見て	＿＿＿＿誌の書評を見て	書店で見かけて	知人のすすめで

★100字書評……資本主義と民主主義の終焉

名前

住所

年齢

職業

水野和夫　みずの・かずお

法政大学教授、博士（経済学）。1953年生まれ、早稲田大学政治経済学部卒業、埼玉大学大学院経済科学研究科博士課程修了。三菱 UFJ 証券チーフエコノミスト、内閣官房内閣審議官などを経て現職。専門は現代日本経済論。著書に『資本主義の終焉と歴史の危機』など。

山口二郎　やまぐち・じろう

法政大学教授。1958年生まれ、東京大学法学部卒業。同大学法学部助手、北海道大学法学部教授、オックスフォード大学セントアントニーズ・カレッジ客員研究員などを経て現職。専門は行政学、現代日本政治論。著書に『政権交代とは何だったのか』など。

資本主義《しほんしゅぎ》と民主主義《みんしゅしゅぎ》の終焉《しゅうえん》
――平成《へいせい》の政治《せいじ》と経済《けいざい》を読《よ》み解《と》く

水野和夫《みずのかずお》　山口二郎《やまぐちじろう》

2019年 5 月10日　初版第 1 刷発行
2019年 8 月15日　第 5 刷発行

発行者……………辻 浩明
発行所……………祥伝社しょうでんしゃ
〒101-8701　東京都千代田区神田神保町3-3
電話　03(3265)2081(販売部)
電話　03(3265)2310(編集部)
電話　03(3265)3622(業務部)
ホームページ　http://www.shodensha.co.jp/

装丁者……………盛川和洋
印刷所……………萩原印刷
製本所……………ナショナル製本

Printed in Japan　ISBN978-4-396-11570-8　C0236

〈祥伝社新書〉
歴史に学ぶ

366
はじめて読む人のローマ史1200年
建国から西ローマ帝国の滅亡まで、この1冊でわかる！
東京大学名誉教授
本村凌二

168
ドイツ参謀本部　その栄光と終焉
組織とリーダーを考える名著。「史上最強」の組織はいかにして作られ、消滅したか
上智大学名誉教授
渡部昇一

379
国家の盛衰　3000年の歴史に学ぶ
覇権国家の興隆と衰退から、国家が生き残るための教訓を導き出す！
渡部昇一
本村凌二

541
日本の崩壊
日本政治史と古代ローマ史の泰斗が、この国の未来について語り尽くす
東京大学名誉教授
御厨　貴
本村凌二

351
英国人記者が見た連合国戦勝史観の虚妄
滞日50年のジャーナリストは、なぜ歴史観を変えたのか。画期的な戦後論の誕生！
ジャーナリスト
ヘンリー・S・ストークス

〈祥伝社新書〉
経済を知る

111
超訳『資本論』
貧困も、バブルも、恐慌も——マルクスは『資本論』の中に書いていた！
神奈川大学教授 的《まと》場《ば》昭《あき》弘《ひろ》

343
なぜ、バブルは繰《く》り返されるか？
バブル形成と崩壊のメカニズムを経済予測の専門家がわかりやすく解説
久留米大学教授 塚崎公義

498
総合商社 その「強さ」と、日本企業の「次」を探る
なぜ日本にだけ存在し、生き残ることができたのか。最強のビジネスモデルを解説
専修大学教授 田中隆之

478
新富裕層の研究 日本経済を変える新たな仕組み
新富裕層はどのようにして生まれ、富《とみ》のルールはどう変わったのか
経済評論家 加《か》谷《や》珪《けい》一《いち》

503
仮想通貨で銀行が消える日
送金手数料が不要になる？　通貨政策が効《き》かない？　社会の仕組みが激変する！
信州大学教授 真《ま》壁《かべ》昭夫

〈祥伝社新書〉
語学の学習法

312
一生モノの英語勉強法
京大人気教授とカリスマ予備校教師が教える、必ず英語ができるようになる方法
「理系的」学習システムのすすめ
京都大学教授 鎌田浩毅
研伸館講師 吉田明宏

405
一生モノの英語練習帳
短期間で英語力を上げるための実践的アプローチとは？　練習問題を通して解説
最大効率で成果が上がる
鎌田浩毅
吉田明宏

383
名演説で学ぶ英語
リンカーン、サッチャー、ジョブズ……格調高い英語を取り入れよう
青山学院大学准教授 米山明日香

426
使える語学力
古い学習法を否定。語学の達人が実践した学習法を初公開！
7カ国語をモノにした実践法
慶應義塾大学講師 橋本陽介

102
800字を書く力
感性も想像力も不要。必要なのは、一文一文をつないでいく力だ
小論文もエッセイもこれが基本！
埼玉県立高校教諭 鈴木信一